Direito Penal do Inimigo e o Terrorismo

Direito Penal do Inimigo e o Terrorismo
O «PROGRESSO AO RETROCESSO»

2016 - 2ª Edição

Manuel Monteiro Guedes Valente

DIREITO PENAL DO INIMIGO E O TERRORISMO
O "PROGRESSO AO RETROCESSO"
© Almedina, 2016

AUTOR: Manuel Monteiro Guedes Valente
DIAGRAMAÇÃO: Almedina
DESIGN DE CAPA: FBA
ISBN: 978-858-49-3124-8

Dados Internacionais de Catalogação na Publicação (CIP)
(Câmara Brasileira do Livro, SP, Brasil)

Valente, Manuel Monteiro Guedes
Direito penal do inimigo e o terrorismo : o
«progresso ao retrocesso» / Manuel Monteiro
Guedes Valente. -- 2. ed. -- São Paulo :
Almedina, 2016.
Bibliografia
ISBN 978-85-8493-124-8
1. Direito penal 2. Direito penal - Brasil
I. Título.

16-02863   CDU-343

Índices para catálogo sistemático:
1. Direito penal 343

Este livro segue as regras do novo Acordo Ortográfico da Língua Portuguesa (1990).

Todos os direitos reservados. Nenhuma parte deste livro, protegido por copyright, pode ser reproduzida, armazenada ou transmitida de alguma forma ou por algum meio, seja eletrônico ou mecânico, inclusive fotocópia, gravação ou qualquer sistema de armazenagem de informações, sem a permissão expressa e por escrito da editora.

Outubro, 2016

EDITORA: Almedina Brasil
Rua José Maria Lisboa, 860, Conj.131 e 132, Jardim Paulista | 01423-001 São Paulo | Brasil
editora@almedina.com.br
www.almedina.com.br

Aos meus filhos
GUILHERME, GABRIEL e GUSTAVO,
que são a força da nossa luta pela afirmação do Ser Humano.

NOTA À 2.ª EDIÇÃO

Esgotada a primeira edição do *Direito penal do Inimigo e Terrorismo. O «Progresso ao Retrocesso»* impôs-se uma atualização que possa ajudar os nossos leitores a estudarem um tema cada vez mais em dia face aos tempos e espaços de crises políticas e económicas, que arrastam consigo crises do Direito penal e lhe dão uma roupagem mais securitária ou justicialista, e, ainda, aqui e acolá, uma nota de Direito penal belicista.

A ideia de que o Direito penal deve resolver os problemas sociais, económicos e políticos é uma realidade na nossa ordem mundial. Mas é uma ideia errada e dotada de pouca ou inexistente cientificidade. O caminho de belicizar o Direito penal apenas nos traz o espetro do medo e da insegurança e nunca nos garante uma segurança real e efetiva. É uma utopia pensar que o Direito penal do inimigo nos produz um espaço e tempo de segurança. Produz exclusão, produz alienação social e política, produz um *espaço* e um *tempo* de pessoas e não-pessoas, de amigo e inimigos.

A justificação de que a posição de GÜNTHER JAKOBS tem como finalidade conservar intocável e inalienável a teoria da lei penal, teoria do crime e teoria do processo penal, construídas sob a égide de um Direito penal garantista, não colhe a nossa posição. A ideia de que, com esta construção – um Direito penal do inimigo segundo o Direito –, se pretende evitar a corrosão da dogmática já alcançada com os ventos da eficácia, da periculosidade e da segurança que rangem por força da discursividade do terrorismo e da criminalidade organizada transnacional. É um desiderato enfermo *ab initio*, por à partida quebrar a consistência dogmática do princípio da igualdade, medula arquitectónica do princípio da legalidade.

A ideia à partida pode parecer benigna. Distinguir e construir uma teorização penal material e penitenciário, melhor do sistema integral penal, e processual de modo a evitar a erosão fácil de um Direito penal que tem a função de equilíbrio entre a tutela de bens jurídicos e a defesa do delinquente face ao *ius puniendi*. Mas mesmo este argumento é delator da *ethos* e da *theos* do Direito penal material e processual e nega o Direito como dimensão onto-antropológica.

Eis o desafio que devemos travar e que procuramos travar ao longo das páginas deste pequeno livro e que esperamos que contribua para que todos defendamos um Direito penal garantista e humanista que seja a espinha dorsal de um sistema integral penal do ser humano.

Monte do Giestal (Cova do Gato) – Portugal, 14 de agosto de 2015

SUMÁRIO

Capítulo 1
Recolocação dos desafios do direito penal..15

Capítulo 2
Evolução histórica..25
§1.º Enquadramento geral...25
§2.º O Delinquente na teoria penal de PROTÁGORAS...33
§3.º O sofisma de Anónimo de JÂMBLICO..34
§4.º O delinquente em S. TOMÁS DE AQUINO 35
§5.º A teoria do *inimigo* na filosofia penal moderna......................................37
5.2. O delinquente como *coisa*: a teoria de FICTHE 39
5.3. O cidadão e o *inimigo* em HOBBES 41
5.4. O estado natural e o estado legal: IMMANUEL KANT e JOHN LOCKE 44
5.5. Outras manifestações de inimigo no séc. XIX e início do séc. XX 47
§ 6.º Resenha comparativa...49

Capítulo 3
O Direito penal do cidadão (?)...55
§ 1.º A afirmação do Direito penal humanista 55
§ 2.º O Direito penal do cidadão: o pleonasmo 59
§ 3.º Crise do sistema penal do cidadão (?)...63

Capítulo 4
As tendências do direito penal da pós-industrialidade...................................67
§ 1.º Movimento humanista 67
§ 2.º Tendência Securitária: o Movimento Lei e Ordem, a Tolerância Zero
    e o Estado Polícia 71
§ 3.º Movimento justicialista ou "império dos juízes" 76
§ 4.º Movimento belicista ou do inimigo: a coisificação do *Ser*.........................77

Capítulo 5
O Direito penal do Inimigo como inversão da ideia de Direito penal.
O terrorismo como gérmen da esquizofrenia belicista 85
§ 1.º Enquadramento Geral 85
§ 2.º O Direito penal como Direito de liberdade 91
§ 3.º A função do Direito penal. Contributos para uma nova construção 103
§ 4.º Do Direito penal do inimigo como negação do Direito penal 110
§ 5.º Terrorismo como gérmen da esquizofrenia belicista: síntese 118

Conclusão 125

Referências 125

INTRODUÇÃO

1. O Direito penal tem, nos últimos anos, sofrido uma discussão sobre a manutenção ou a alteração de paradigma. Esta discussão desenrola-se entre os defensores de um Direito penal humanista, de liberdade, designados por muitos de Direito penal do cidadão, e os defensores de um Direito penal securitário ou policializado, e os defensores de um Direito penal justicialista 'detrator' de algumas das garantias materiais e processuais (e jurídico-constitucionais) do ser humano e os defensores de um Direito penal bélico ou do inimigo, apeado na ideia de que existem alguns delinquente que são ou devem ser tratados como uma "coisa".

Este debate científico jurídico-criminal, ao qual se deve anexar o debate da comunidade científica de outras ciências sociais e humanas e políticas, sem excluir a intervenção oportuna e útil das ciências exatas, e, ainda, da comunidade não científica, é uma necessidade na construção da sociedade do século XXI: o século da afirmação do ser humano como ser livre em uma sociedade livre e solidária. O século da *comunicabilidade intersubjetiva*.

Este livro que trazemos à estampa é um pensar contributivo para que toda a comunidade – científica e não científica – reflita e encontre outros oximoros de discussão na edificação de um ser humano assumido como *ser de liberdade* e como *ser de responsabilidade*. Só o equilíbrio dos oximoros pode admitir um Direito penal densificado em uma lógica de afirmação pura dos direitos humanos.

O fenómeno do *terrorismo* despertou alguns pensamentos que fazem parte da história e que fazem parte do nosso estudo para que jamais percamos essa consciência história que nos dá a força de, lutar, como os nossos antepassados, por negarmos e afastarmos as ideologias da *supra-individualidade* do Estado e defendermos a essência do Estado: o ser humano.

2. O Direito penal da pós-modernidade deve evitar ser um Direito penal de *progresso ao retrocesso*, nem um Direito de regresso ao passado não muito longínquo – schmittiano, welzeliano ou heiddegeriano – fundado na ideia de negação da qualidade de pessoa do delinquente terrorista, só e tão-só por deter essa qualificação jurídico-criminal. A etiquetagem inerente ao processo de seletividade de intervenção penal, que propõe a negação de direitos do Estado civil ao *ser perigoso* e gerador de incerteza securitária, é a negação da própria essência da dignidade da pessoa humana – liberdade – do ser humano como feixe magnético agregador do *ser*, do *dever ser* e da *comunicabilidade intra e intersubjetiva entre o ser e o dever ser*.

A construção de espaços penais nacionais e regionais (e transnacionais) impõe, cada vez mais, o *equilíbrio como função* do Direito penal. Esta reflexão encontra-se ao longo do livro, mas assume primacial importância quando nos debruçamos sobre a inversão da ideia de Direito penal provocada pela paneonomia da *periculosidade* e da *segurança*, germinados pelo fenómeno do terrorismo, como pilares da construção dos espaços penais em uma estrutura de afirmação do Direito penal do inimigo. Abordamos, para estudo e reflexão desta fenomenológica dogmática, a construção do espaço penal europeu como um exemplo de uma edificação enferma e de negação do equilíbrio exigível ao Direito penal da pós-modernidade.

É a construção de um Direito penal em *comunicação intrassubjetiva e intersubjetiva* que assumimos na defesa da dignidade da pessoa humana como medula de um Direito penal de e para a liberdade: essência do *Direito penal da humanidade*. Este pensar encontra-se bem presente no poema "Mãos Dadas" de Carlos Drumond de Andrade[1]:

Não serei poeta de um mundo caduco.
Também não cantarei o mundo futuro.
Estou preso à vida e olho os meus companheiros.
Estão taciturnos mas nutrem grandes esperanças.
Entre eles, considero a enorme realidade.

---

[1] Carlos Drumond Andrade. *Antologia Poética*. Rio de Janeiro/São Paulo: Editora Record, 2009, p. 158.

INTRODUÇÃO

O presente é tão grande, não nos afastemos.
Não nos afastemos muito, vamos de mãos dadas.
Não serei o cantor de uma mulher, de uma história,
não direi os suspiros ao anoitecer, a paisagem vista da janela,
não distribuirei entorpecentes ou cartas suicida,
não fugirei para as ilhas nem serei raptado por serafins.
O tempo é a minha matéria, o tempo presente, os homens presentes,
a vida presente.

São Paulo-Brasil, 27 de Maio de 2010

Capítulo 1
Recolocação dos desafios do direito penal

1. O Direito penal moderno aparece com o desiderato de limitar a ação punitiva do soberano – Estado – e, nesta linha, de tutelar interesses vitais da comunidade, que a ordem jurídica converte em bens jurídicos dignos de tutela penal[2], e, desta forma, proporcionar, manter e restabelecer uma

---

[2] Quanto à assunção de bem jurídico de um interesse vital pela sua inserção na ordem jurídica, FRANZ VON LISZT. *Tratado de Direito Penal Alemão* – Tomo I. Tradução do alemão *Lehrbuch des Deutschen Strafrechts* de JOSÉ HYGINO DUARTE PEREIRA. Campinas /São Paulo: Russell, 2003, pp. 139-146. Esta linha de pensamento jurídico – a afirmação de um direito penal orientado para as consequências [tutela de bens jurídicos, prevenção geral negativa e ressocialização do delinquente] –, WINFRIED HASSEMER. *História das Ideias Penais na Alemanha do Pós-Guerra*. Tradução do alemão *Strafrechtswissenschaft in der Bundesrepublik Deutschland* de CARLOS EDUARDO VASCONCELOS. Lisboa: AAFDL, Lisboa, 1995, pp. 40-55 (pp. 40-41). Já para uma visão finalística do direito penal – que, por meio de mandatos e obrigações, tem como fim "influenciar os homens a se abster de realizar ou a realizar determinadas acções e, desse modo, ou evitar a produção de determinadas consequências lesivas ou produzir determinadas consequências positivas" – LUIS GRACIA MARTÍN. *O Horizonte do Finalismo e o Direito Penal do Inimigo*. Tradução do espanhol de LUIS REGIS PRADO e de ÉRIKA MANDES DE CARVALHO. São Paulo: Editora Revista dos Tribunais LTDA., 2007, pp. 43-46 (p. 45). ZAFFARONI, atribuindo natureza de direito público ao direito penal, defende que a finalidade do Direito penal é tutelar bens jurídicos e, por meio desta tutela, tutelar "um interesse geral em conservar a paz social e a segurança jurídica". Cfr. EUGÉNIO RAÚL ZAFFARONI e JOSÉ HENRIQUE PIERANGELI. *Manual de Direito Penal Brasileiro* – V. 1 – Parte Geral. 7.ª Edição Revista e Actualizada, São Paulo: Editora Revista dos Tribunais LTDA., 2008, p. 82. Já GÜNTHER JAKOBS considera que o bem jurídico é tutelado indirectamente, porque o Direito penal tem por finalidade a tutela da força jurídica da norma jurídico-criminal violada por uma conduta humana. Para este penalista alemão, a tutela do bem jurídico é uma consequência da tutela da norma jurídico-criminal.

DIREITO PENAL DO INIMIGO E O TERRORISMO

paz jurídica[3] capaz de dotar os homens de uma liberdade adequada ao exercício efetivo dos seus direitos.

O equilíbrio do Direito penal, que se anseia, cujo espaço atribuído ao Estado para agir em nome de todos sempre que uma conduta humana lese ou coloque em perigo de lesão um desses bens vitais à convivência harmoniosa da sociedade, encontra-se, hoje, em perigo de colisão com os valores que se sedimentaram durante os dois últimos séculos de construção sob uma dogmática jurídico-criminal imbuída pelo princípio do humanismo: a reação penal vai incidir em um ser humano[4] e, como tal, deve ser tratado.

O equilíbrio exigível ao Direito penal – tutelar os bens jurídicos lesados ou colocados em perigo de lesão pela conduta humana negativa e proteger o delinquente contra os excessos do *ius puniendi* do Estado – está em perigo de desaparecer face às novas tendências penalistas em curso: a incrementação de um Direito penal musculado em que o ser humano, que delinqua e que não se reinsira, passa a ser uma doença contagiosa da comunidade. Esta doença é de maior vulto se o seu portador praticar um delito integrante do catálogo de «crimes hediondos»[5] ou um delito

---

Cfr. GÜNTHER JAKOBS. *Sobre la Normativización de la Dogmática Jurídico-Penal*. Tradução do alemão de MANUEL CANCIO MÉLIA e de BERNARDO FEIJÓO SÁNCHEZ. Madrid: Thomson, Cuadernos Civitas, 2003, pp. 59-61.

[3] A paz jurídica alcançável é uma das finalidades do processo penal no sentido de realizar o direito e, por meio dessa realização, restabelecer a norma jurídico-criminal e a paz social (e jurídica) da comunidade. Quanto à paz jurídica como finalidade do processo penal, MANUEL MONTEIRO GUEDES VALENTE. *Processo Penal* – Tomo I. 3.ª Edição. Coimbra: Almedina, 2009, pp. 23-28, JORGE DE FIGUEIREDO DIAS. *Direito Processual Penal*. Lições coligidas por MARIA JOÃO ANTUNES. Coimbra, 1988-9, pp. 23-24, CLAUS ROXIN. *Derecho Procesal Penal*. Tradução da 25.ª Edição alemã *Strafverfahrensrecht* de GABRIELA E. CÓRDOBA e de DANIEL R. PASTOR. Buenos Aires: Editores del Puerto s.r.l., 2000, p. 2-5.

[4] Nos últimos trinta anos a intervenção jurídico-criminal passou a abranger as pessoas jurídicas, sendo que, na última década, na Europa se tem assistido a uma ampliação da responsabilidade penal das pessoas jurídicas – pessoas coletivas –, como denota a Reforma Penal de 2007, que alterou profundamente e amplamente o art. 11.º do CP, trazendo para cima da mesa a mutabilidade do princípio da individualidade da responsabilidade penal ou a regressividade da transmissibilidade da pena pecuniária. Quanto a este assunto, MANUEL M. GUEDES VALENTE. La Responsabilidad de las Personas Jurídicas en el Derecho Penal Portugués. Breve Reflexión del Marco Legal y de la Evolución Doctrinal. In: *El Derecho Penal y la Nueva Sociedad*. Coord. NIEVES SANZ MULAS, Granada: Editorial Comares, 2007, pp. 1-14.

[5] Cfr. Lei 8.072/1990, de 25 de Julho. O legislador brasileiro considera como crimes hediondos os crimes de *homicídio*, praticado em atividade típica de grupo de extermínio, *latrocínio*, *extorsão* qualificada pela morte, extorsão com sequestro e de forma qualificada, *estupro*, *atentado violento*

RECOLOCAÇÃO DOS DESAFIOS DO DIREITO PENAL

que provoque uma paneonomia generalizada na sociedade que encontra, no Direito penal, o refúgio para se proteger contra esses males do «novo mundo». Vivemos, hoje, a hipertrofia legislativa do Direito penal que tudo quer tutelar e nada tutela. Esta hipertrofia gera o fenómeno da popularização e vulgarização do Direito penal, acompanhado pelos fenómenos da securitização e do justicialismo.

Podemos, aqui, afirmar que a híper-criminalização, que assola atualmente os Estados democráticos e de direito, denota o falhanço de outras formas de controlo da sociedade não jurídicas e jurídicas de menor lesividade dos direitos e liberdades fundamentais do cidadão e promove a vulgarização do Direito penal. Esta factualidade afeta a força jurídica adstrita que o Direito penal deve deter. O Direito penal como *ultima et extrema ratio* deve apresentar-se ao cidadão como um Direito de força não musculada e o recurso ao mesmo para solucionar todo e qualquer problema lesivo de bens jurídicos vulgariza-o e subtrai-lhe a força necessária para prevenir bens jurídicos por meio da intimidação.

Em Portugal, a criminalização da atividade do exercício de segurança privada fora dos requisitos legais é sintoma dessa híper-criminalização e da fraqueza do direito administrativo preventivo e sancionatório – art. 32.º-A do RJSP. Do mesmo modo podemos falar da criminalização de condutas que já se encontram subsumidas a normas jurídico-criminais: *v. g.*, a criminalização da ofensa à integridade física por parte dos cônjuges e de outros familiares – vulgarmente conhecida por criminalização da violência doméstica – quando a conduta é subsumível aos tipos legais de crime previstos nos artigos 143.º e ss. do CP português. Esta opção político-criminal retira a força jurídica exigível às normas jurídico-criminais que tutelam, em efetivo, o bem jurídico *integridade física* que deve ter a mesma tutela independentemente da qualidade do agente da prática da ofensa em relação à vítima[6].

CESARE BECCARIA já havia alertado para este fenómeno poder descredibilizar o Direito penal quando escrevera que foi a necessidade que uniu os homens e que legitimou o soberano a legislar sobre

---

ao pudor, epidemia com resultado de morte, *falsificação, corrupção*, adulteração ou alteração de produto terapêutico ou medicinal, *genocídio, tráfico ilícito* de entorpecentes e drogas, *terrorismo*.
[6] Quanto ao desiderato de evitar a vulgarização do Direito penal, GERMANO MARQUES DA SILVA. *Direito Penal Português* – I. 4.ª Edição. S. Paulo/Lisboa: Verbo, 2008, pp. 30-68.

delitos e penas – as "leis são condições sob as quais os homens inde-pendentes e isolados se uniram em sociedade, cansados de viver em um contínuo estado de guerra e de gozar uma liberdade tornada inútil pela incerteza de ser conservada. Eles sacrificaram parte dela para gozar o restante com segurança e tranquilidade" –, sendo que "todo o acto de autoridade de um homem sobre outro homem que não derive da absoluta necessidade é tirânico", assim como o "proi-bir um sem número de acções indiferentes não é prevenir os delitos que possam acontecer, mas é um criar novos delitos, é um definir a seu bel-prazer a virtude e o vício, que nos são enunciados como eternos e imutáveis"[7].

Esta miragem de incrementação efetiva do princípio da *ultima et extrema ratio* do Direito penal [assim como do princípio da subsidiariedade da inter-venção do Direito penal[8]] como solução para os problemas candentes da sociedade e para travar a paneonomia generalizada face aos crimes de terrorismo e aos crimes conexos com os crimes típicos de uma organiza-ção terrorista – *v. g.*, tráfico de armas, atentados, homicídios qualificados, extorsão, sequestro, rapto, roubo, burla informática ou estelionato ciber-nético, destruição ou incapacitação das redes de comunicação terrestre, telefónica e digital – cede não só ao princípio da *prima sola et unica ratio* do Direito penal[9], como dá lugar a um novo olhar sobre o cidadão delin-quente: atribui-lhe a condição de ***inimigo*** ou de "**não-pessoa**". O Direito penal progride para o retrocesso[10].

---

[7] CESARE BECCARIA. *Dos Delitos e das Penas*. Tradução do italiano *Dei Delitti e Della Pene* de JOSÉ DE FARIA COSTA. Lisboa: Fundação Calouste Gulbenkian, 1998, pp. 63, 64 e 154. Quanto aos perigos de legislar tudo e mais alguma coisa e de desfigurar o Direito em não direito, REINHOLD ZIPELLIUS. *Teoria Geral do Estado*. Tradução do alemão *Allgemeine Staatslehre* de KARIN PRAEFKE-AIRES COUTINHO e Coordenação de GOMES CANOTILHO. 3.ª Edição. Lisboa: Fundação Calouste Gulbenkian, 1997, pp. 388-389.

[8] Quanto aos princípios regentes da intervenção do Direito penal, MANUEL MONTEIRO GUEDES VALENTE. *Consumo de Drogas. Reflexões sobre o Quadro Legal*. 5.ª Edição. Coimbra: Almedina, 2016, pp. 49-62; ANABELA MIRANDA RODRIGUES. *A Determinação da Medida da Pena Privativa da Liberdade*. Coimbra: Coimbra Editora, 1995, pp. 298-306 e quanto à dignidade punitiva pp. 259-297; JUAN CARLOS CARBONELL MATEU. *Derecho Penal: Concepto y Principios Constitucionales*. 3.ª Edição. Valência: Tirant Lo Blanch, 1999.

[9] Quanto a este assunto, WINFRIED HASSEMER. *História das Ideias Penais....* pp. 66-68.

[10] A imagem da expressão «progresso ao retrocesso» tem como base a construção de ANABELA MIRANDA RODRIGUES. Cfr. ANABELA MIRANDA RODRIGUES. Política Criminal – Novos Velhos

2. A sociedade encontra no Direito penal a força e a garra para exterminar o mal que a assola: se um cidadão atua fora do quadro jurídico estabelecido e aceite pela comunidade – a cujo pacto todos os homens aderem sob a regra da prevalência da vontade da maioria[11] –, violando o contrato social, e, depois de ser advertido com uma pena ou de saber que há condutas inadmissíveis e inaceitáveis na ordem jurídica por serem aniquiladoras da harmonia vivencial, esse cidadão não pode nem deve ser tratado como um cidadão, mas como um *inimigo* da comunidade[12].

Se atua fora do Estado legal, o infrator pode "ser destruído como um leão ou um tigre, um desses animais selvagens com os quais o homem não pode viver em sociedade, nem em segurança". Pois, todas "as ofensas que podem ser cometidas no estado de natureza podem ser também punidas no estado de natureza com um castigo igual e tão severo como no seio de uma comunidade política". O ser humano, considerado como indivíduo, por meio do crime, "degenera e declara abandonar os princípios da natureza humana para viver como uma criatura nociva", e, uma vez que

---

Rumos". *Liber Discipulorum Jorge de Figueiredo Dias.* Coimbra: Coimbra Editora, 2003, p. 210.

[11] Quanto à teoria da prevalência dos pactos úteis à maioria no âmbito do direito penal como direito humanista de construção de uma liberdade de agir estadual legitimada pela cedência da liberdade individual, CESARE BECCARIA. *Dos Delitos e das Penas.* pp. 66-67 e 64-65. Acresce referir que a adesão ao contrato social ou ao pacto social não aniquila nem inocuiza os direitos subjectivos inatos e pré-existentes ao pacto – direito natural pré-contratual, que tem validade, vigência e efectividade na DUDH, no PIDCP, na CEDH, na CADH, como defende ANSELM VON FEUERBACH *apud* EUGENIO RAÚL ZAFFARONI. *O Inimigo no Direito Penal.* Tradução do espanhol de SÉRGIO LAMARÃO. 2.ª Edição. Rio de Janeiro: Revan, 2007, pp. 129-131 (p. 132).

[12] Veja-se como CARL SCHMITT nos descreve o sentido de inimigo: «Os conceitos amigo e inimigo são para tomar no seu sentido concreto e existência, e não como metáforas ou símbolos, (...). Eles não são contraposições normativas e "puramente espirituais". (...) os povos se agrupam segundo a contraposição entre amigo e inimigo, (...).
O inimigo não é, portanto, o concorrente ou opositor em geral. O inimigo também não é o opositor privado que se odeia com sentimento de antipatia. O inimigo é, apenas, uma totalidade de homens pelo menos eventualmente *combatentes*, isto é, combatente segundo uma possibilidade real, a qual se contrapõe a uma totalidade semelhante. O inimigo é apenas inimigo *público*, pois tudo aquilo que tem relação com uma tal totalidade de homens, em particular com todo um povo, se torna por isso público. O inimigo é hostis, não *inimicus* em sentido amplo; πολέμιος, não ἐχθρός.» (CARL SCMITT. *O Conceito do Político.* Tradução do alemão *Der Begriff des Politischen* de Alexandre Franco de Sá. Lisboa: Edições 70, 2015, pp. 54-56). A opção pela construção grega πολέμιος, que significa *guerra*, é indicativo de como SCHMITT organiza os seres humanos: amigo (paz) e inimigo (guerra).

"declara que vive segundo uma outra regra que não a da razão e da equidade comum, (...), ele torna-se perigoso para o género humano"[13].

A comunidade, desacreditada no Direito penal comum que não previne e não consegue responsabilizar os agentes do crime altamente especializado, violento, organizado, e transnacional, exige ao Estado segurança (cognitiva e real) a todo o custo, mesmo que crie um Direito penal específico ou excecional para esse tipo de criminalidade e o delinquente deixe de ser pessoa e passe a ser um inimigo uma "não-pessoa". Contudo, como tudo na vida, não existem sistemas perfeitos e muito menos sistemas penais perfeitos: a mudança de paradigma – do paradigma garantista para o paradigma do inimigo – é a legitimação de um uso excessivo da força estadual sobre o cidadão.

Os cidadãos não têm escrito na testa que são inocentes ou que são criminosos, ou seja, estas medidas penais de objetivação (melhor, *coisificação*) do ser humano irão recair sobre todos e, quando menos se espera, sobre aqueles que as conceptualizaram e as defendem. LOMBROSO[14], fundador da *escola antropológica* do crime, criou a teoria de que o ser humano, tendo em conta as suas características físicas, psíquicas, genéticas e raciais, nasce predisposto para o crime: a vida e a anatomia, o mundo orgânico e o mundo psicológico são a fonte de identificação do "homem delinquente"[15].

---

[13] Quanto a estas citações que exemplificam a conceção de inimigo que paira sobre a comunidade mundial, JOHN LOCKE. *Dois Tratados do Governo Civil*. Tradução do inglês de *Two Treatises on Government* MIGUEL MORGADO e revisão de LUÍS ABEL FERREIRA. Lisboa: Edições 70, 2006, pp. 236-239.

[14] Quanto à teoria criminológica de CESARE LOMBROSO, que "reflectia a recente fascinação por números na *ciência social* durante o período final do século XIX, e que também surgiria na economia, na sociologia (no estudo estatístico de Émile Durkheim em 1897, O *Suicídio*) e na eugenia e na *ciência da raça*", ARTHUR HERMAN. *A Ideia de Decadência na História Ocidental*. Tradução do original inglês *The Idea of Decline in Western History* de CYNTHIA AZEVEDO e PAULO SOARES. Rio de Janeiro/São Paulo: Editora Record, 2001, PP. 125-129 (p. 125). Mas LOMBROSO considerava que o criminoso ou o desviante social devia ser sujeito a tratamento e não a punição, tendo em conta que o impluso de punir o agente dos factos qualificados como crime tinha um sentido e génese primitivo, contrário ao pensamento de homem esclarecido e evoluído da sociedade moderna (p. 129).

[15] Cfr. CESARE LOMBROSO *apud* ENRICO FERRI. *Princípios de Direito Criminal. O Criminoso e o Crime*. Tradução do italiano de LUIZ DE LEMOS D'OLIVEIRA. Campinas/São Paulo: Russell, 2003, p. 50.

RECOLOCAÇÃO DOS DESAFIOS DO DIREITO PENAL

A tendência criminosa é inata: a fisiologia criminógena. Há pessoas que já nascem com o fardo de serem futuros criminosos e que são um perigo[16].

GARÓFALO, na linha de VIRGILIO, defende a *hereditariedade* como linha de transmissão de tendência criminosa ou de futuro ser perigoso[17] / [18], conquanto FERRI associa aos fatores *individuais* [traços orgânicos e psíquicos]

---

[16] Quanto a este assunto e nesta linha de pensamento, RAFAEL GARÓFALO. *Criminologia. Estudo sobre o Delicto e a Repressão Penal.* 4.ª Edição. Lisboa: Livraria Clássica Editora, 1925, pp. 92 e ss.: "O delinquente não se denuncia apenas pelo acto criminoso, mas pela coherencia d'esse acto com certos carateres especiaes; o crime não é n'elle, portanto, um facto isolado, mas o symptoma de uma anomalia moral", assim como desde "remotos tempos uma correlação se notou entre certas formas de perversidade e determinados signaes physicos externos", em que LOMBROSO "crê que os factos por elle e por outros observados são de natureza a dar-nos um *typo anthropologico* de delinquente, assim caracterisado: indice craneano confrome, em regra, ao ethico, mas mais exagerado; asymetrias cephalicas e faciaes frequentes, submicrocephia não rara; não raros também o atheroma das artérias temporaes, a implantação anormal das orelhas, a escacez de barba, o nystagmo, o prognatismo, a desigualdade das pupillas, os desvios nasaes, a fronte fugidia, a excessiva extensão da face, o exagerado desenvolvimento das regiões zygomaticas e de mandíbulas e a frequência de cor escura nos olhos e cabellos. Nenhum d'estes caracteres é constante; mas a frequência nos deliqnuentes, em confronto com os indivíduos normaes, impõe-se" (pp. 96-97).

[17] Cfr. RAFAEL GARÓFALO, *Criminologia....* pp. 123-142: "O crime não é, pois, o effeito *directo* e *immediato* das circunstancias externas; *está sempre no indivíduo* e é a revelação de uma natureza degenerada, quaesquer que sejam as causas, antigas ou recentes, d'essa degeneração. N'este sentido, *o delinquente fortuito não existe.*

Na ordem d'ideias que sustentamos, seria inexacto dizer-se que todo o delicto, singularmente considerado, é o effeito de causas orgânicas individuaes, de causas physicas externas e de causas sociaes. O delicto é o effeito de causas individuaes actuando n'um particular ambiente physico ou em particulares contingências sociaes; mas, como estas condições existem também para os que não delinqúem, ellas não podem ser senão causas occasionaes: o verdadeiro factor do delicto deve procurar-se no *modo de ser especial* do *individuo*, que a natureza creou *delinquente*" (pp. 132-133).

ENRICO FERRI, quando fala da tese de R. GARÓFALO, considera que este Autor se centra no quadro jurídico das inovações exigíveis à intervenção da justiça penal, trazendo para cima da mesa a ideia de "temibilidade do delinquente" como fundamento e quesito de intervenção penal, ao que hoje designamos de ser perigoso ou dotado de *perigosidade*. ENRICO FERRI, *Princípios de Direito Criminal....* p. 51.

[18] Quanto a uma crítica à criação ôntica garofaliana do inimigo ou do estranho, cuja má vida, imprime a intervenção do Direito penal, que legitimou o genocídio com fundamento na aniquilação dos perigosos ou *estranhos à comunidade – Gemeinschaftsfremde* – pela teoria da legitimação nacionalizadora de EDMUND MEZGER e de FRANZ EXNER, EUGENIO RAÚL ZAFFARONI, *O Inimigo no Direito ....* 2.ª Edição. pp. 102-109.

e aos fatores *físicos* [ambiente telúrico] os fatores *sociais* [ambiente social] do ser humano: surge o criminoso *nato, louco, habitual, ocasional, passional*[19].

A teoria de CESARE LOMBROSO[20], desenvolvida por GARÓFALO e por FERRI, que ajuda a Escola Criminal Positiva a afirmar-se como escola de estudo das causas do crime centradas no delinquente (autor)[21] e não na conduta negativa do crime (facto), serviu de fundamento doutrinário político da exterminação da raça judaica. Como ensina ZAFFARONI[22], o direito penal nacional-socialista apenas trouxe como único componente o antissemitismo, que, a par do anticomunismo, ocupavam lugar satânico contra a nação alemã. O judeu (assim como o cigano, o dissidente político, o homossexual) transforma-se no inimigo a aniquilar e toda a obra científica judaica deve ser expurgada como ato exorcista da raça ariana[23].

O inimigo da contemporaneidade é, para G. JAKOBS e discípulos[24], o terrorista, o traficante de droga, o traficante de armas e de seres humanos, os membros de organizações de crime organizado transnacional; delin-

---

[19] Cfr. ENRICO FERRI. *Princípios de Direito Criminal....* pp. 50-51.

[20] Quanto a uma crítica à tese biologia do crime e da antropologia criminal de LOMBROSO, FRANZ VON LISZT. *Tratado de Direito Penal Alemão* – Tomo I. pp. 150-151.

[21] FERRI sustenta que o que está em causa no estudo criminal é o criminoso com a ideia de que é *ele* e não o crime que é o *"protagonista da justiça penal prática"*. É sobre *ele* que recaem as consequências jurídicas do crime: a *repressão* com a cominação de uma *pena*. O crime praticado "é sobretudo sintoma revelador de uma personalidade mais ou menos perigosa, para a qual se deve dirigir uma adequada defesa social". Nesta linha de raciocínio, defende que "*o crime e a pena e a execução da desta não se podem separar nunca do delinquente*". Cfr. ENRICO FERRI. *Princípios de Direito Criminal....* pp. 53-54.

[22] Cfr. EUGENIO RAÚL ZAFFARONI. *O Inimigo no Direito....* 2.ª Edição, p. 105.

[23] Foi esta a razão fundante apresentada por CARL SCHMITT no congresso anti-judeu, de 1936, por si organizado, ao fundamentar a proibição de citação bibliográfica de obras científicas de autoria de judeus. Cfr. EUGENIO RAÚL ZAFFARONI, *O Inimigo no Direito....* 2.ª Edição, p. 105, nota 62.

CARL SCHMITT, como nos elucida BOBBIO, entroncava todo o poder no político e a política era a dimensão de todo o poder por nela se aferir um critério de avaliação "oposição amigo-inimigo", cuja díade "indica o extremo grau de intensidade de uma união ou de uma separação, de uma associação ou de uma dissociação", porque *amigo é o aliado e inimigo é aquele contra quem se combate*. Cfr. NORBERTO BOBBIO. *O Elogio da Serenidade. E outros escritos morais.* Tradução do italiano *Elogio della mitezza* de Marco Aurélio Nogueira. São Paulo: Unesp Editora, 2002, pp. 86-87.

[24] Destaque-se, em Espanha, MIGUEL POLAINO-ORTS. *Derecho Penal del Enemigo. Fundamentos, potencial de sentido y límites de vigencia.* Barcelona: Bosch, 2009. Quanto à posição deste Autor, faremos uma análise crítica um pouco mais à frente.

quente de elevada perigosidade e ser nefasto à comunidade e, como tal, deve submeter-se à construção jurídico-criminal de *inimigo*.

Perguntamo-nos, desde já, se o Direito penal é o campo de intervenção para os *inimigos*. É esta a legitimidade que queremos entregar ao *ius puniendi*: o uso de todos os meios ao alcance para diminuir ou cognitivamente inocuizar o ser presuntivamente perigoso: *i. e., hostis judicatus*?

Vivemos o tempo do Direito penal do Ser Humano se afirmar como a barreira inultrapassável face às tendências delatoras dos direitos humanos.

Fontes: BECCARIA, CESARE. *Dos Delitos e das Penas*. Tradução do italiano *Dei Delitti e Della Pene* de JOSÉ DE FARIA COSTA. Lisboa: Fundação Calouste Gulbenkian, 1998. BOBBIO, NORBERTO. *O Elogio da Serenidade. E outros escritos morais*. Tradução do italiano *Elogio della mitezza* de Marco Aurélio Nogueira. São Paulo: Unesp Editora, 2002. CARBONELL MATEU, JUAN CARLOS. *Derecho Penal: Concepto y Principios Constitucionales*. 3.ª Edição, Valência: Tirant Lo Blanch, 1999. DIAS, JORGE DE FIGUEIREDO, *Direito Processual Penal*. Lições coligidas por MARIA JOÃO ANTUNES. Coimbra, 1988-9. FERRI, ENRICO. *Princípios de Direito Criminal. O Criminoso e o Crime*. Tradução do italiano de LUIZ DE LEMOS D'OLIVEIRA. Campinas/São Paulo: Russell, 2003. GARÓFALO, RAFAEL. *Criminologia. Estudo sobre o Delicto e a Repressão Penal*. 4.ª Edição, Lisboa: Livraria Clássica Editora, 1925. GRACIA MARTÍN, LUIS. *O Horizonte do Finalismo e o Direito Penal do Inimigo*. Tradução do espanhol de LUIS REGIS PRADO e de ÉRIKA MANDES DE CARVALHO. São Paulo: Editora Revista dos Tribunais LTDA., 2007. HASSEMER, WINFRIED. *História das Ideias Penais na Alemanha do Pós--Guerra*. Tradução do alemão *Strafrechtswissenschaft in der Bundesrepublik Deutschland* de CARLOS EDUARDO VASCONCELOS. Lisboa: AAFDL, 1995. HERMAN, ARTHUR. *A Ideia de Decadência na História Ocidental*. Tradução do original inglês *The Idea of Decline in Western History* de CYNTHIA AZEVEDO e PAULO SOARES. Rio de Janeiro/São Paulo: Editora Record, 2001. JAKOBS, GÜNTHER. *Sobre la Normativización de la Dogmática Jurídico-Penal*. Tradução do alemão de *Die Bedeutung und Zweck* MANUEL CANCIO MÉLIA e de BERNARDO FEIJÓO SÁNCHEZ. Madrid: Thomson, Cuadernos Civitas, 2003. LISZT, FRANZ VON. *Tratado de Direito Penal Alemão* – Tomo I. Tradução do alemão *Lehrbuch des Deutschen Strafrechts* de JOSÉ HYGINO DUARTE PEREIRA. Campinas /São Paulo: Russell, 2003. LOCKE, JOHN. *Dois Tratados do Governo Civil*. Tradução do inglês *Two Treatises on Government* de MIGUEL MORGADO e revisão de LUÍS ABEL FERREIRA. Lisboa: Edições 70, 2006. POLAINO-ORTS, MIGUEL. *Derecho Penal del Enemigo. Fundamentos, potencial de sentido y límites de vigência*. Barcelona: Bosch, 2009. RODRI-

GUES, Anabela Miranda. *A Determinação da Medida da Pena Privativa da Liberdade.* Coimbra: Coimbra Editora, 1995; Política Criminal – Novos Velhos Rumos. In: *Liber Discipulorum Jorge de Figueiredo Dias.* Coimbra: Coimbra Editora, 2003. ROXIN, Claus. *Derecho Procesal Penal.* Tradução da 25.ª Edição alemã *Strafverfahrensrecht* de Gabriela E. Córdoba e de Daniel R. Pastor. Buenos Aires: Editores del Puerto s.r.l., 2000. SCHMITT, Carl. *O Conceito do Político.* Tradução do alemão *Der Begriff des Politischen* de Alexandre Franco de Sá. Lisboa: Edições 70, 2015. SILVA, Germano Marques da. *Direito Penal Português* – I. 4.ª Edição, S. Paulo/ Lisboa: Verbo, 2008. VALENTE, Manuel M. Guedes. *Processo Penal* – Tomo I, 3.ª Edição, Coimbra: Almedina, 2010; La Responsabilidad de las Personas Jurídicas en el Derecho Penal Portugués. Breve Reflexión del Marco Legal y de la Evolución Doctrinal. In: *El Derecho Penal y la Nueva Sociedad,* Coord. Nieves Sanz Mulas, Granada: Editorial Comares, 2007; *Consumo de Drogas. Reflexões sobre o Quadro Legal,* 4.ª Edição, Coimbra: Almedina, 2006. ZAFFARONI, Eugénio Raúl e PIERANGELI, José Henrique. *Manual de Direito Penal Brasileiro* – V. 1 – Parte Geral. 7.ª Edição Revista e Actualizada. São Paulo: Editora Revista dos Tribunais Ltda., 2008. ZAFFARONI, Eugenio Raúl. *O inimigo em Direito Penal.* Tradução do espanhol de Sérgio Lamarão. 2.ª Edição. Rio de Janeiro: Revan, 2007. ZIPELLIUS, Reinhold. *Teoria Geral do Estado.* Tradução do alemão *Allgemeine Staatslehre* de Karen Praefke-Aires Coutinho e Coordenação de Gomes Canotilho. 3.ª Edição, Lisboa: Fundação Calouste Gulbenkian, 1997.

Capítulo 2
Evolução histórica

§1.º Enquadramento geral

1. A construção dogmática de um Direito penal do inimigo não é dos nossos dias nem é uma novidade, exceto o tom proclamatório da designação *Direito penal do* **inimigo** ou, como de forma arrasadora escreve Muñoz Conde, *Direito penal* **bélico**[25]. As manifestações de um Direito penal, cujo delinquente de determinados tipos de crime – *v. g.*, terrorismo e conexos ao terrorismo, tráfico de droga e de armas – não é ou não deve ser considerado como cidadão, mas como um cancro societário que deve ser extirpado, estão inscritas ao longo da história da humanidade.

A reação contrária à lógica amalgamada dos últimos tempos – que imprimia no plano do *dever ser* a construção de uma dogmática jurídico-

---

[25] Muñoz Conde considera que o 11 de Setembro de 2001 originou um "incremento da violência e de luta contra o terrorismo" de tal modo que "está a modificar a imagem de Direito penal de Estado de Direito, como um Direito respeitoso das garantias e dos direitos fundamentais do cidadão, transformando-a em uma imagem de um Direito penal *bélico*, um «Direito penal do inimigo» (expressão utilizada e desenvolvida por Jakobs), em que as garantias praticamente desaparecem para converter-se exclusivamente em um instrumento que procura toda a segurança cognitiva, por cima de qualquer outro valor ou direito fundamental". Cfr. Francisco Muñoz Conde (Coordenação da versão espanhola). *La Ciência del Derecho Penal ante el Nuevo Milenio*. Coord. alemães Albin Eser, Winfried Hassemer e Björn Burkhardt. Valencia: Tirant lo Blanch, 2004, p. 13. Tradução do espanhol nossa.

-criminal consumptiva do delinquente com direito a um tratamento igualitário em dignidade humana – está em inversão para a lógica do *ser* que vê o delinquente como um problema que a sociedade deve aniquilar. O *dever ser* cede face ao *ser*.

O legislador influenciado pela pressão da imprensa sensacionalista deve enveredar-se por uma lógica de integrar no plano do *dever ser* o que devia estar no plano do *ser*: *v. g.*, fazer intervir o Direito penal tendo em conta a *perigosidade* ou *periculosidade* do cidadão em especial por pertencer a uma determinada raça, etnia, religião, ou por ter determinada cor ou determinado odor. Podemos afirmar que a intervenção do Direito penal passa da dimensão da conduta humana para a dimensão do que é o ser humano: és europeu, és pobre, és muçulmano, és judeu (...).

Fundamentar a intervenção penal na teoria do perigo abstrato que determinadas pessoas representam para a segurança do coletivo – Estado –, alinhando-se na criminalização de todos os atos preparatórios é regressar ao Direito penal de autor e abandonar o Direito penal do facto.

A teoria da *periculosidade*, como escreve ZAFFARONI e como fundamento da intervenção do Direito penal, far-se-á sentir não só na tipicidade, como na teoria da *antijuridicidade*, da culpabilidade e da punibilidade. Concordamos com o Autor quando defende que a «"perigosidade" positivista nada mais é que a tentativa grosseira de ignorar» a diferença entre a «mera capacidade de realização, suficiente em tempo de guerra», ou seja, entre mera capacidade de realizar uma *ação* bélica como membro de um grupo armado, que legitima a intervenção bélica do «outro» por o considerar inimigo, e a não-aceitação da mera capacidade de provocar uma lesão a bens jurídicos como suficiente para intervir o Direito penal em uma conjuntura política, para qualificar tão-só o delinquente como «inimigo» do povo, *i. e.*, do estado legal e denominá-lo de não pessoa[26].

JESCHECK e WEIGEND falam-nos da contraposição entre o *Direito penal do facto* – que centra a pena no facto antijurídico, não obstante a punibilidade se afirmar na reprovação da conduta humana fundada e limitada pela culpabilidade do facto[27], *i. e.*, a normalização jurídico-criminal "liga

---

[26] Cfr. EUGENIO RAÚL ZAFFARONI. *Em Busca das Penas Perdidas. A perda de legitimidade do sistema penal*. Tradução do espanhol de VÂNIA ROMANO PEDROSA e AMIR LOPES DA CONCEIÇÃO. 5.ª Edição. Rio de Janeiro: Editora Revan, 20001, pp. 248-281 (pp. 249-250).

[27] Cfr. HANS-HEINRICH JESCHECK e THOMAS WEIGEND. *Tratado de Derecho Penal. Parte General*. Tradução do alemão *Lehrbuch des Strafrechts: All. Teil* de MIGUEL OLMEDO CARDENETE. 5.ª

EVOLUÇÃO HISTÓRICA

a punibilidade a tipos de factos singulares e não à sua natureza" e as sanções penais aplicadas ao agente são "consequências dos factos singulares e neles se fundamentam"[28] e não de reações a um tipo de agente ou autor –, e o *Direito penal de autor*[29] – em que a pena se associa de imediato à perigosidade do autor, pelo que a justificação da sanção criminal advém da "culpabilidade pelo modo de vida"[30], *i. e.*, «da *"culpa na condução da vida"*, da *"culpa na decisão da vida"* ou da *"culpa na formação da personalidade"*»[31]. Em suma, a reprovação ou censurabilidade dirige-se ao autor por ter optado por um modo de vida ou carácter ou personalidade delitivo.

Roxin[32] fala-nos de que o princípio constitucional *nullum crimen, nulla poena sien lege* sai desfavorecido no campo do Direito penal de autor que se afasta da centralidade facto e se anicha na conceção ou no princípio da precisão ou determinação dos elementos do tipo que devem atender a "um elemento criminógeno permanente" na pessoa do autor. Afirma, ainda, que o *Direito penal de autor* ganha espaço com as teses preventivas especiais, defendidas desde F. von Liszt, que incidem sobre o agente do crime e se afirmam na aceção da personalidade do autor e não do facto.

Discordamos desta posição por considerarmos que a prevenção especial atua sobre o *facto passado* – que originou a intervenção penal –, mas deve orientar-se para um futuro de não delinquência almejado pelo Direito penal para o agente do crime, cuja personalidade do agente é trazida à discussão na execução da sanção criminal.

Edição. Granada: Comares Editorial, 2002, pp. 58-59 e 453-454.

[28] Cfr. Jorge de Figueiredo Dias. *Direito Penal. Parte Geral. Tomo I: As Questões Fundamentais. A Doutrina Geral do Crime.* 2.ª Edição. Coimbra: Coimbra Editora, 2007, p. 235.

[29] Quanto à teoria do *Direito penal do autor ou do agente*, assim como da sua lucubração obnubilada ao longo dos anos 30 até ao fim da II Guerra Mundial na cimentação de um sistema político totalitário alemão e italiano, cuja mutação da intervenção penal do facto punível passa para o agente – o homicida, o assassino, o ladrão, o burlão, o traidor – e promove um alargamento das malhas da punibilidade absolutamente incompatível com a regra do Estado de Direito democrático, Jorge de Figueiredo Dias. *Direito Penal. Parte Geral. Tomo I.... 2.ª Edição*, pp. 235-236.

[30] Cfr. Hans-Heinrich Jescheck e Thomas Weigend. *Tratado de Derecho Penal. Parte General.* 5.ª Edição, pp. 453-454.

[31] Cfr. Jorge de Figueiredo Dias. *Direito Penal. Parte Geral. Tomo I.... 2.ª Edição*, p. 236.

[32] Cfr. Claus Roxin. *Derecho Penal. Parte General. Tomo I. Fundamentos, La Estructura de la Teoría del Delito.* Tradução do alemão *Strafrecht. Allgemeiner Teil, Band I: Grundlagen. Der Aufbau der Verbrechenslehre* (2.ª Edição) de Diego-Manuel Luzón Peña, Miguel Díaz y García Conlledo e Javier de Vicente Remesal. Madrid: Civitas, 1999, pp. 176-177.

FIGUEIREDO DIAS, alheando-se das teses de JAKOBS e da existência de um Direito penal do cidadão como direito de todos e um Direito penal do inimigo como aquele que a comunidade se arroga para atacar o inimigo que assenta na "coacção física, até chegar à guerra"[33], considera que esta «concepção é de todo **inadmissível**, logo por poder descambar em um "direito penal do agente" sob as formas mais agressivas que assumiu o Estado nacional-socialista alemão, mas, sobretudo e em definitivo, por contrária ao fundamento primário do Estado de direito e à concepção de **pessoa** que lhe dá fundamento»[34].

Criticando a teoria da conexão entre culpa/medida de segurança de WEZEL, cuja legitimidade para participação na vida externo-social se afere da "liberdade e autonomia inter-pessoal" ou da "liberdade moral interior", que os doentes mentais não detêm, nem os que "não se encontram em condições de uma livre decisão a favor da norma", logo não detêm direito à plena liberdade externo-social, FIGUEIREDO DIAS[35] considera não só esta conceção próxima da teoria do Direito penal do inimigo desenvolvida por JAKOBS, como também uma teoria que promove consequências terríveis para os inimputáveis e para os delinquentes habituais ou empedernidos que devem ser em toda a sua dimensão pessoas.

Esta conceção welzeliana conduziria a um Direito penal que retrai e retira a liberdade não por o inimputável ter praticado um facto ilícito-típico ou devido ao perigo revelado pela repetição da atividade delituosa e à necessidade que a comunidade tem de se defender, mas tão-só "em nome da doença que os atingiu, da carga hereditária ou adquirida que

---

[33] Cfr. GÜNTHER JAKOBS. *Derecho Penal del Enemigo*. Tradução do alemão de MANUEL CANCIO MELIÁ. 2.ª Edição, Madrid: Thomson-Civitas, 2003, p. 19. Nesta mesma edição, CANCIO MELIÁ elabora uma análise crítica à construção do Direito penal do inimigo de GÜNTHER JAKOBS – a antecipação da intervenção penal, a desproporcionalidade das penas, a supressão ou limitação drástica das garantias processuais (p. 112) – ou à terceira velocidade de SILVA SANCHES (pp. 114-115) na busca de uma *segurança cognitiva* dos cidadãos frente a indivíduos ditos de *perigosos* (p. 129), assente em uma lógica sistemática do fenómeno penal como elemento do mundo normativo (p. 131). Cfr. MANUEL CANCIO MELIÁ, "De nuevo: «Derecho Penal» del Enemigo?". GÜNTHER JAKOBS. *Derecho Penal del Enemigo*, pp. 85-152. Em defesa da coexistência do paradigma da consumação da lesão do bem jurídico com o paradigma da antecipação da tutela penal, MIGUEL POLAINO-ORTS. *Derecho Penal del Enemigo. Fundamentos, potencial de sentido y límites de vigência*. Barcelona: Bosch, 2009, pp. 307-354.
[34] Cfr. JORGE DE FIGUEIREDO DIAS. *Direito Penal. Parte Geral. Tomo I*... 2.ª Edição, p. 36.
[35] Cfr. JORGE DE FIGUEIREDO DIAS. *Direito Penal. Parte Geral. Tomo I*... 2.ª Edição, pp. 97-98.

EVOLUÇÃO HISTÓRICA

sobre eles pesa e da consequente incapacidade de se deixarem motivar pelas normas"[36]. A intervenção penal assume-se e afirma-se pela negação da própria liberdade inerente a toda a pessoa.

2. O anseio de um Direito penal de exclusão do agente do crime da sociedade – porque é seu *inimigo* e seu *estranho* – em crimes como os de terrorismo ou de dimensão espetacular ou enquadrada na criminalidade organizada transnacional ganha forma jurídica em ordenamentos jurídicos em que o Direito penal só existe para tutelar os bens jurídicos e não a liberdade das pessoas.

Esta construção assenta na ideia lockeana de que a liberdade do ser humano só se encontra e se assume como tal dentro do espírito da lei fruto da razão: "a liberdade do homem e a liberdade de agir de acordo com a sua própria vontade fundamenta-se no facto de que está dotado de razão, e que esta é capaz de o instruir na lei segundo a qual ele se deve governar e dar-lhe a conhecer a margem de que goza para exercer a liberdade da sua própria vontade. Entregá-lo a uma liberdade irrestrita, antes de dispor da razão que há-de guiá-lo, não é conferir-lhe o seu privilégio natural de ser livre; equivale antes a lançá-lo às bestas e a abandoná-lo a um estado tão miserável e tão inferior ao do homem, como é o das bestas"[37]. Só se pode falar de liberdade no âmbito do estado legal, nunca no âmbito do estado natureza.

A paneonomia do possível cidadão perigoso, desenvolvida pela teoria do *Labeling Approach*, da *Law and Order*, da *Gessetz und Ordnung*, da tolerância zero ou da etiquetagem, na defesa de um interesse superior de segurança coletiva – Estado total – imprimiu uma esquizofrenia legislativa, desenfreada e de desorientada sistemática, que denota a "demanda por punição, tornada obsessiva" e que "se conecta naturalmente e de modo obscuro com a demanda por segurança"[38].

Podemos relembrar que a busca de um *positivismo defensivo da segurança* face à *presumível perigosidade do ser humano que, neste patamar, não passa de indi-*

---

[36] Cfr. JORGE DE FIGUEIREDO DIAS. Direito Penal. *Parte Geral. Tomo I....* 2.ª Edição, p. 98.
[37] Cfr. JOHN LOCKE. *Dois Tratados do Governo....* p. 275.
[38] Cfr. KLAUS GÜNTHER. Crítica da Pena I. In: *Teoria da Responsabilidade no Estado Democrático de Direito – Textos de Klaus Günther*. Organização e tradução do alemão de FLAVIA PORTELLA PÜSCHEL e MARTA RODRIGUEZ DE ASSIS MACHADO. São Paulo: Editora Saraiva, 2008, p. 55.

víduo[39] teve o seu expoente na expressão de HANS FRANK, presidente da Academia Alemã de Direito: *"Alles was dem Volk nütz, ist Recht; alles was ihm schadet, ist Unrecht"*, *i. e.*, "Tudo o que serve o povo é direito, tudo o que o prejudica é ilícito". Esta expressão foi defendida com fervor pelo catedrático de penal de Milão, FILIPPO GRISPIGNI, que considera que a função do Direito penal – *v. g.*, pena e medidas de segurança – se resumia tão-só à "função de defesa mediante o controle da periculosidade", e serviu de arma política a BENITO MUSSOLINI: "Nada contra o Estado; nada fora do Estado; tudo pelo Estado"[40].

A satisfação das demandas de segurança absoluta – neste clima atual de ameaça do terrorismo – destruiu "as fronteiras tradicionais do Estado de Direito entre autoridades responsáveis pela persecução penal, polícia, serviços secretos e exército" de modo a legitimar "intervenções que são, simultaneamente, persecução penal, prevenção policial e guerra"[41].

As necessidades propagadas da segurança turvam a lógica sistemática de intervenção do Direito Penal.

O fenómeno do terrorismo, como fenómeno político e jurídico-criminal[42], promoveu uma redução da preceptividade e da respetiva aplicabilidade imediata dos direitos, liberdades e garantias processuais penais face à *destruição maciça e indiscriminada*[43] e à indeterminabilidade e ilegibilidade das vítimas "inocentes", que facilita uma nova posição jurídica do poder político legislativo que, a reboque do fenómeno terrorista, intermedeia a limitação de direitos, liberdades e garantias processuais [*p. e.*, intervenção nas comunicações sem a prévia tutela jurisdicional, a admissibilidade de buscas domiciliárias por parte das polícias sem a prévia autorização ou ordem judicial, utilização de notícias e conversas pessoais para extorsão de informações criminais] até à aniquilação de quaisquer direitos,

---

[39] Estas expressões, não obstante os itálicos, são de nossa autoria.

[40] Quanto a estes assuntos, EUGENIO RAÚL ZAFFARONI. *O Inimigo no Direito....* 2.ª Edição, pp. 107-109.

[41] Cfr. KLAUS GÜNTHER. Crítica da Pena I. In: *Teoria da Responsabilidade....* p. 55.

[42] Neste sentido MANUEL MONTEIRO GUEDES VALENTE. Cooperação Judiciária em Matéria Penal no Âmbito do Terrorismo. In: *A União Europeia e o Terrorismo Transnacional*, Coordenação de ANA PAULA BRANDÃO, Coimbra: Almedina, 2010.

[43] Cfr. EUGENIO RAÚL ZAFFARONI. *O Inimigo no Direito....* 2.ª Edição, p. 16.

EVOLUÇÃO HISTÓRICA

liberdades e garantias processuais fundamentais pessoais [*p. e.*, presos de Guantánamo[44]].

O cidadão deixa de o ser, deixa a qualidade jus filosófica e política de pessoa e passa a ser um "ente perigoso ou daninho"[45], passa a ser um *inimigo* – uma *não-pessoa* –, merecedor de "tratamento como coisa perigosa"[46], que deve ser segregada e eliminada. O fenómeno terrorista inflacionou a teoria do Direito penal preventivo subjugado à lógica da guerra preventiva e transformou o Direito penal do terrorismo em Direito penal do inimigo[47]. Como escrevem Sebastian SCHEERER, MARIA BÖHM e KAROLINA VÍQUEZ[48], o agente do crime é intercetado antes de ter lesionado ou colocado em perigo de lesão um bem jurídico, porque é um Direito que tem como base a "segurança dos outros".

A quase sacralização da segurança e a consequente conversão do "ser humano como coisa perigosa" geram a *despersonalização do cidadão*. Cabe-nos alertar que a "priorização do valor segurança como certeza acerca da conduta futura de alguém, e mais ainda sua absolutização", acaba, em um futuro próximo ou mais longínquo, por gerar a incontrolável "*despersonalização de toda a sociedade*"[49]. Este caminho é desenhado pela ciência que não

---

[44] Mesmo que se admitisse o estado de necessidade de exceção na privação de direitos fundamentais como a liberdade, há limites inultrapassáveis pelo constitucionalismo democrático que não admite que um ser humano seja tratado como um objeto, como uma «coisa», como uma «não-pessoa». Neste sentido, EUGENIO RAÚL ZAFFARONI. *O Inimigo no Direito....* 2.ª Edição, pp. 19-20, nota 19.

[45] Cfr. EUGENIO RAÚL ZAFFARONI. *O Inimigo no Direito....* 2.ª Edição, p. 18.

[46] Cfr. EUGENIO RAÚL ZAFFARONI. *O Inimigo no Direito....* 2.ª Edição, p. 19.

[47] Neste sentido, KAI AMBOS. Derecho Penal del Enemigo. In: *Derecho Penal del Enemigo –* Vol. 1. Coordenação de MANUEL CANCIO MELIÁ e CARLOS GÓMEZ-JARA DÍEZ. Tradução do alemão de CARLOS GÓMEZ-JARA DÍEZ, Madrid: Edisofer S.L. e Buenos Aires/Montevideo: B de F Ltda., 2006, , p. 129.

[48] Cf. SCHEERER, MARIA LAURA BÖHM e KAROLINA VÍQUEZ. Seis Preguntas y Cinco Respuestas sobre el Derecho penal del Enemigo. In: *Derecho Penal del Enemigo – Vol. 2.* Coordenação de MANUEL CANCIO MELIÁ e CARLOS GÓMEZ-JARA DÍEZ. Tradução do alemão de CARLOS GÓMEZ-JARA DÍEZ, Madrid: Edisofer S.L. e Buenos Aires/Montevideo: B de F Ltda., 2006, p. 919.

[49] Cfr. EUGENIO RAÚL ZAFFARONI. *O Inimigo no Direito....* 2.ª Edição, p. 20. No sentido de que a teorização de excepcionalidade do Direito penal do inimigo, como emergência e de estado de necessidade, desenvolvida por GÜNTHER JAKOBS, se transformou em regra como indício de estado de pacificação insuficiente, lançando a confusão entre os conceitos de Direito penal e de guerra, CORNELIUS PRITTWITZ. Derecho Penal del Enemigo: Análises Crítico o Programa del Derecho Penal?. In: *La Política Criminal en Europa.* Directores SANTIAGO MIR

DIREITO PENAL DO INIMIGO E O TERRORISMO

pensa e que nos dirige para o «holocausto» por meio do exercício de um poder sem ética[50] e sem legitimidade jurídica e sociológica, mas assente na lógica da *inquisitio* que não mais fazia que *autocoisificar* o ser humano[51].

Na linha de PRITTWITZ[52], GERMÁM ALLER[53] alerta para o facto da defesa de um Direito penal do inimigo implicar a defesa do autoritarismo penal, de uma política criminal do inimigo, da militarização da sociedade e da criação de uma nova alternativa de reação e intervenção penal.

O Direito penal, que há muito se afastou da barbárie e da vingança individual e coletiva (inquisitória) e se assumir como limitação de poder do soberano, entra a passos largos em uma linha de estabelecimento de uma nova tentativa de despir o ser humano dos direitos, liberdades e garantias fundamentais penais materiais e processuais, que a dogmática jurídico-criminal procurou cimentar no seio da contradição ou do casamento incompatível.

O delinquente passa, como outrora, a ser um *inimigo* da comunidade. Volta-se à sofística grega do séc. V a.C. que olhava o delinquente como um *"tumor canceroso* que deve ser *eliminado* do corpo político"[54]. O regresso às teorias criminais do passado assenta na ideia de que ao Estado, enquanto unidade política e unidade do povo pela força de monopólio do político e

PUIG e MIRENTXU CORCOY BIDASOLO e coordenador VÍCTOR GÓMEZ MARTÍN, Barcelona: Atelier, 2004, p. 113.

[50] Assume-se, aqui e como exemplo do caminho de negação do ser humano, a expressão de que *«a ciência não pensa»* de MARTÍN HEIDEGGER. *Ormai solo un Dio ci puo salavare. Intervista com lo Spiegel.* Parma, 1987, *apud* EUGENIO RAÚL ZAFFARONI, *O Inimigo no Direito....* 2.ª Edição, p. 41, nota 44.

[51] Quanto à teorização da *autocoisificação* do ser humano por meio de uma técnica sem ciência e de uma ciência sem princípios, JÜRGEN HABERMAS. *Técnica e Ciência como "Ideologia".* Tradução do alemão *Technik und Wissenschaft als «Ideologie»* de ARTUR MOURÃO, Lisboa: Edições 70, 2006, p. 74: "A eficácia peculiar desta ideologia reside em dissociar a autocompreensão da sociedade do sistema de referência da acção comunicativa e dos conceitos da interacção simbolicamente mediada, e em substituí-lo por um modelo científico. Em igual media, a autocompreensão culturalmente determinada de um mundo social da vida é substituída pela *autocoisificação* dos homens, sob categorias da acção racional dirigida a fins e do comportamento adaptativo". Itálico nosso.

[52] Cfr. CORNELIUS PRITTWITZ. Derecho Penal del Enemigo.... In: *La Política Criminal en Europa*, p. 119.

[53] Cfr. GERMÁN ALLER. El Derecho Penal del Enemigo y la Sociedad del Conflito. In: *Derecho Penal del Enemigo.* Coordenadores MANUEL CANCIO MELIÁ e CARLOS GÓMEZ-JARA DÍEZ. Madrid: Edisofer S.L. e Buenos Aires/Montevideo: B de F Ltda., 2006, Vol. 1, p. 88.

[54] Cfr. Guthrie *apud* LUIS GRACIA MARTÍN. *O Horizonte do Finalismo....* p. 94.

EVOLUÇÃO HISTÓRICA

situado acima da sociedade[55], cabe a função de dar segurança máxima à comunidade, socorrendo-se do Direito penal preventivo com a função de *garantir a identidade da sociedade*[56].

Se há um indivíduo – e não ser humano ou cidadão[57] –, este deve ser tratada como "coisa perigosa que ameaça a *segurança ou a certeza acerca do futuro*"[58]. Impõe-se que, como se encontra no estado natureza e não legal, seja tratada como *não-pessoa* e despida de direitos, liberdades e garantias como as pessoas que se comportam como membros da comunidade. Este cenário é próprio de uma sociedade que considera a *segurança* como valor prioritário e converte a sociedade em uma sociedade não só *despersonalizada*, como *robotizada*: *i. e.*, "a segurança com relação à nossa conduta futura, como se sabe, não é nada além de um pretexto a mais para legitimar o controlo social punitivo"[59]. Podemos afirmar que é o pretexto para legitimar o controlo preventivo social punitivo.

§2.º O Delinquente na teoria penal de PROTÁGORAS

3. A posição do delinquente nesta teoria afere-se da pergunta de SÓCRATES a PROTÁGORAS sobre a razão de os atenienses permitirem que, em questões do foro político, todos pudessem emitir a opinião e que, em questões de navegação ou de arquitetura, só pudessem emitir opinião os técnicos da matéria.

PROTÁGORAS, com base no mito de PROMETEU, explica a SÓCRATES que EPIMITEU atribuiu todas as habilidades de subsistência aos animais e nenhuma aos seres humanos, não obstante estes terem ficado com a base

---

[55] CARL SCHMITT. La Noción de lo Político – Prefacio. In: *Revista de Estudios Políticos*. Madrid. 1963, n.º 132, pp. 5-14 (6-7). Podemos ler estas posições em CARL SCHMITT. *Der Bergriff des Politischen: Tet von 1932 mit einem Vowort und drei Corollarien*. 6.ª Ed. Berlim: Duncker & Humbolt, 1996, (p. 20) *apud* FILBERTO BERCOVICI. Carl Schmitt e a Tentativa de uma Revolução Conservadora. In: *O Pensamento Alemão no Século XXX – Volume 1*. Org. de JORGE DE ALMEIDA e WOLFGANG BADER. São Paulo: Cosac Naify, 2013, pp. 90-100.

[56] Cfr. GÜNTHER JAKOBS. *Dogmática de Derecho penal y configuración normativa de la sociedad*. Tradução do alemão de MANUEL CANCIO MELIÁ. Madrid: Thomson-Civitas, 2004, p. 41.

[57] Quanto a esta discussão jakobsiana, GÜNTHER JAKOBS. *Sobre la Normativización de la Dogmática Jurídico-penal*. Tradução do alemão de MANUEL CANCIO MELIÁ e BERNARDO FEIJOÓ SÁNCHEZ. Madrid: Thomson-Civitas, 2003, pp. 18-21.

[58] Cfr. EUGENIO RAÚL ZAFFARONI, *O Inimigo no Direito....* 2.ª Edição, p. 20.

[59] Cfr. EUGENIO RAÚL ZAFFARONI, *O Inimigo no Direito....* 2.ª Edição, p. 21.

para o seu bem-estar corporal: o dom da técnica e do fogo. Os Homens, seres defeituosos e desprotegidos, não tinham a arte da política e, desta feita, não detinham capacidade para fazer associações.

Zeus, com o intuito de salvar os homens da delação total, enviou-lhes, por Hermes, o sentido da moral e a justiça que foram distribuídos de forma igual para todos os homens. Esta atribuição da disposição natural para a moral e para a justiça devia ser desenvolvida por meio da educação das crianças e pelo estudo das leis, uma vez que a existência de comunidade humana – *polis* – implicaria sempre uma comunhão de valores iguais: moral e justiça. Neste sentido, Zeus ordenava que quem não fosse capaz de participar da honra e da justiça era uma doença para a cidade e, como tal, devia ser *eliminado*, ou seja, o tumor devia ser *extirpado* da *politeia*.

Protágoras, como se sabe, não atribui qualquer sentido retributivo à sanção. Atribui-lhe um sentido dissuasor e pedagógico e, assim, só deviam ser extirpados ou eliminados os delinquentes que, depois de serem orientados para a moral e para a justiça por meio do castigo, continuarem a ser incapazes de comungarem dos mesmos valores.

Todo o cidadão que tenha sido condenado e volte a pôr em causa a vivência comunitária, volte a reincidir, segundo Protágoras, já não deve o castigo ser dissuasor ou pedagógico, mas um castigo de neutralização ou inocuização do ser humano[60].

§3.º O sofisma de Anónimo de Jâmblico

4. A sociedade organizada emerge de uma necessidade de autoproteção e de reunião em comunidade submetida a princípios, a valores, a regras e a normas jurídicas. A pacificidade comunitária só é admissível, face ao risco e à possível insegurança, com a subordinação de todos os membros da comunidade à lei. Os seres humanos não conseguem viver isolados. Necessitam de viver em comunidade e, para viver em comunhão, submetem-se a um estado de legalidade: à lei e à justiça, fontes de confiança e de diminuição do risco e da insegurança.

---

[60] Quanto a este resumo explanado sobre a teoria de Protágoras, Luis Gracia Martín. *O Horizonte do Finalismo....* pp. 94-96, H. Welzel. *Introdución a la Filosofía del Derecho. Derecho natural y Justicia material.* Tradução do alemão de Felipe González Vicente. 2.ª Ed., Madrid: Editora Aguilar, 1971, p. 8; Platón. *Diálogos I.* Tradução do grego de J. Calonge Ruiz, E. Lledó Iñigo e C. García Gual. Madrid: Editora Gredos, 1981, pp. 527 e 529.

EVOLUÇÃO HISTÓRICA

O estado de ilegalidade gera desconfiança e promove o aumento do risco e da insegurança. Cria um sentimento permanente de exposição ao risco e uma cognitividade de insegurança face às condutas dos restantes membros da comunidade: *medo e temor* estão presentes em qualquer estado de ausência de lei e de justiça. Desta feita, aquele que, estando na comunidade organizada, não se submete e não respeita a lei, deve ser "alvo da *guerra*, que conduz à submissão e à escravidão"[61].

O sofista de *Anónimo de Jâmblico*[62] considera que cidadão que não se deixa envolver com a legalidade vigente – não adere à justiça e à lei de todos, ao estado de legalidade – não é membro da comunidade. Deixa de ser cidadão dotado de direitos e deveres próprios da adesão à comunidade subordinada a uma ordem jurídica. É um **inimigo** do estado legal e, por isso, deve ser tratado como um alvo de guerra e segundo uma lógica jus bélica.

§4.º O delinquente em S. Tomás de Aquino

5. Há penalistas, como Gracia Martín, que consideram que S. Tomás de Aquino aborda a questão da infração como um pecado[63] e que o pecador deve ser morto pelo Estado como um animal – *velut bestia*. Esta teorização advém da ideia defendida por S. Tomás de Aquino de que a dignidade humana não se encontra em todos os homens, só nos homens virtuosos[64].

Como escreve no Tratado da Justiça, na abordagem da licitude da ação de matar um homem «malfeitor» e à pergunta se é *lícito uma pessoa particular matar um pecador*, em que o teorema jurídico é – «o homem equipara-se aos animais pela sua iniquidade, como já se disse. Mas o matar um animal selvagem, sobretudo quando é nocivo, é lícito a qualquer particular. Logo, também ao homem pecador» –, S. Tomás de Aquino responde que "matar um malfeitor é lícito na medida em que se ordena ao bem de toda a comunidade, e, por conseguinte, somente a esta pertence conservar a

---

[61] Cfr. Luis Gracia Martín. *O Horizonte do Finalismo...*. p. 97. Quanto ao sofisma de Anónimo Jâmblico, Antonio Melero Bellido (Compilador). *Sofistas. Testimonios y fragmentos*. Madrid: Editora Gredos, 1996.

[62] Escrito atribuído a Hípias [nascido em Elide, no séc. V a. C.], contemporâneo de Górgias e de Protágoras. O conhecimento de Hípias advém, principalmente, dos Diálogos de Platão.

[63] Cfr. S. Tomás de Aquino. *Tratado da Justiça*. Retirado da *Summa Theologica* e Tradução do latim de Fernando Couto. Porto: Resjurídica, pp. 103-175.

[64] Cfr. Tomás de Aquino. *Summa Theologica II*. 2, Qu. 64.2, e H. Welzel. *Introdución...*. 2.ª Edição, p. 146, nota 113.

ordem comunitária, de maneira semelhante ao médico a quem apenas cabe retirar um membro canceroso, para o bem da saúde de todo o corpo. Mas do cuidado do bem comum foram encarregados os governantes, que têm autoridade pública. Portanto, só a estes compete matar um malfeitor e nãos às pessoas particulares"[65]. A pena de morte só pode ser aplicada pelo Estado investido da autoridade pública.

Consideramos que esta visão de S. Tomás de Aquino, trazida por Gracia Martín, só seria aceitável para os pecados «crimes» mais graves e não para todo o tipo de crimes[66]. Esta nossa posição retira-se do que escreve quanto à mutilação de membros e aos acoites:

> "a amputação de um membro, (...), se tone necessária para o bem comum, como quando se castiga alguém, reprimindo o mal que faz a uma comunidade. Portanto, assim como se pode privar um malfeitor da vida, pela autoridade pública, pela **prática de crimes graves**, também poderia ser privado de algum membro por algumas faltas menores"[67], assim como é lícito dar açoites, como castigo, por quem "tenha alguma jurisdição sobre aquele a quem açoita", pelo que, sendo a cidade a "comunidade perfeita, o seu governante, por essa razão, deve ter o mais alto poder coercivo; (...), pode infligir os castigos irreparáveis, tais como a morte ou a mutilação"[68].

A *Summa Theologica* apontava para o arrependimento e os tratados da justiça e das leis de S. Tomás de Aquino apontam para a expiação do mal e a reconciliação, a mais que defende que "o direito é o objecto da justiça", sendo esta uma das maiores virtudes própria dos homens virtuosos e afirma-se como "o bem dos outros", sem que olvide a liberdade como "uma virtude mais sublime do que a justiça"[69].

---

[65] Cfr. S. Tomás de Aquino. *Tratado da Justiça*. p. 108. S. Tomás de Aquino cita S. Agostinho para afirmar que "Quem matar um malfeitor sem ter o cargo da administração pública, será julgado como homicida".

[66] Retiramos esta ideia das suas posições expressas no Tratado da Justiça quando fala dos crimes contra a vida. S. Tomás de Aquino. *Tratado da Justiça*. pp. 103-120.

[67] Cfr. S. Tomás de Aquino. *Tratado da Justiça*. pp. 122-123. Negrito nosso.

[68] Cfr. S. Tomás de Aquino. *Tratado da Justiça*. p. 125.

[69] Cfr. S. Tomás de Aquino. *Tratado da Justiça*. pp. 5-6 (6) e 37-39.

EVOLUÇÃO HISTÓRICA

Acresce que S. Tomás de Aquino defende que "o pecador não é natural-mente distinto do homem justo, e, portanto, merece um julgamento público, no qual fique claro se é necessária a sua morte, para o bem comum"[70]. A posição aquinina quanto ao pecado mais grave – *v. g.*, homicídio, suicídio, violação – foi, na Idade Média, utilizada pela igreja católica com uma inter-pretação desfasada da sua essência doutrinária, mas adequada aos intentos da Inquisição: imposição da *fides ortodoxa* e dominar os poderes régios.

A Inquisição é a manifestação pura da aplicação da justiça sobre o ser humano pecador como inimigo da *fides ortodoxa* e, por isso, devia ser pos-tergado de todos os males e morrer em praça pública. A obtenção da con-fissão e da prova através da tortura estava legitimada uma vez que aquele *ser* era o *mal,* a *doença,* o *"alvo a abater", o pecado a exterminar,* por carregar consigo a enfermidade que podia aniquilar toda a comunidade. Os fins – salvação do pecador (delinquente) e a expurgação do mal da comunidade – justificavam os meios tortuosos e as penas desumanas e capitais.

§5.º A teoria do *inimigo* na filosofia penal moderna

6. A modernidade e a pós-modernidade, baseada em uma filosofia ética e política, consideram que um ser humano que não é capaz de se reger pelo Direito deve ser expulso da sociedade. O agente do crime (o delin-quente) perde o estatuto jurídico-político de cidadão ou a condição de pessoa dotada de direitos, liberdades e garantias.

O Direito não deve preocupar-se e defender os interesses destes seres humanos por terem optado não respeitar a ordem jurídica do estado legal ou do estado social. Vários filósofos e pensadores políticos projetam uma teoria do *delinquente* como *inimigo da sociedade,* sendo a mesma fonte de ins-piração do Direito penal do inimigo em que se baseia Günther Jakobs e os seus discípulos Lesch[71] e Miguel Polaïno-Orts[72].

Miguel Polaïno-Orts, na linha de Jakobs, defendendo a legitimidade de um Direito penal do inimigo, considera que as normas penais materiais e processuais modelares do Direito penal do inimigo foram aprovadas nos Estados constitucionais sociais democráticos e são fruto da tensão entre a fra-

---

[70] Cfr. S. Tomás de Aquino. *Tratado da Justiça.* p. 109.
[71] Cfr. Luis Gracia Martín. *O Horizonte do Finalismo....* p. 132.
[72] Cfr. Miguel Polaïno-Orts. *Derecho Penal del Enemigo. Fundamentos, potencial de sentido y límites de vigência.* Barcelona: Bosch, 2009.

queza da tutela dos bens jurídicos pelo designado Direito penal do cidadão e a necessidade de uma efetiva tutela e de uma efetiva segurança cognitiva normativa e da sociedade, assim como defende que é possível harmonizar e compatibilizar as normas do Direito penal do cidadão com as normas do Direito penal do inimigo, sendo essa convivência real e democrática[73].

Mas esta tese nega o Direito como uma unidade jurídica epistemológica, teleológica e axiológica de um sistema assente na *ratio iuris*. A *coerência da lei* e a consequente *eficácia de lei* são dois axiomas que devem reger todo o Direito, em especial o Direito penal, melhor, o sistema integral penal.

5.1. O contrato social

7. Da teoria do contrato social de ROSSEAU[74] pode aferir-se alguns apontamentos da teoria do Direito penal do inimigo. Reconhece que existem agentes de crime (delinquentes) que são *inimigos* – aqueles que cometem delitos graves e que colocam em causa "o contrato social como pacto de natureza política"[75] – e, por isso, não detêm condição de pessoa moral ou de cidadão. Romper com o contrato social é renunciar às qualidades de ser como pessoa e assume a condição de inimigo[76].

> Como escrevera ROSSEAU, o homem ao deixar o *estado natureza* para aderir ao *estado social* deixa de se motivar pelo instinto e assume a justiça como motor das suas decisões, ou seja, "a voz do dever sucede ao impulso físico e o direito ao apetite, (...) o homem (...) se vê forçado a agir de acordo com outros princípios e a consultar a sua razão antes de escutar as suas inclinações", o homem deixa "uma fonte de crime e de miséria" para se assumir *Cidadão* de um *Povo* sob o *Poder Soberano* de um Estado. O homem, ao aderir ao contrato social, perde "a sua liberdade natural e um direito ilimitado a tudo

---

[73] Cfr. MIGUEL POLAINO-ORTS. *Derecho Penal del Enemigo....* pp. 531-609, 623-627.

[74] Quanto a esta referência à teoria de ROSSEAU, GÜNTHER JAKOBS. *Derecho penal del Enemigo.* Tradução de MANUEL CANCIO MELIÁ. 2.ª Edição, Madrid: Thomson-Civitas, 2003, pp. 28-29 e 31 e KAI AMBOS. Derecho Penal del Enemigo. In: *Derecho Penal....* Vol. 1, pp. 123-125.

[75] Posição de PÉREZ DEL VALLE, acompanhada por GRACIA MARTÍN. Cfr. LUIS GRACIA MARTÍN. *O Horizonte do Finalismo....* pp. 101-102, n. 113.

[76] Cfr. KAI AMBOS. Derecho Penal del Enemigo. In: *Derecho Penal....* Vol. 1, p. 122.

EVOLUÇÃO HISTÓRICA

aquilo que lhe é necessário" e ganha "a liberdade civil e a propriedade de tudo aquilo que possui"[77].

O delinquente ataca a ordem jurídica e social, coloca em causa o contrato social, trai e combate a pátria e o seu comportamento é incompatível com a sobrevivência do Estado, pelo que, pela ordem das coisas, um
tem de morrer. Quando se opta por matar o culpado pela desordem social,
não se está a matar um cidadão, mas um inimigo da pátria, da sociedade.
  Se for infrator do pacto, no mínimo tem de ser desertado da sociedade
em que se encontra – *v. g.*, os exílios e os degredos para ilhas quase inco-
municáveis e países longínquos da família –, se for considerado inimigo
público, que não tem estatuto de pessoa moral, a morte é a pena admissível, porque aos inimigos declara-se guerra e mata-se o vencido[78].

5.2. O *delinquente* como *coisa*: a teoria de FICTHE

8. FICTHE[79], em *Fundamentos do Direito Natural*, equipara o autor de homicídio premeditado e intencional a um inimigo e deve ser tratado como
«uma cabeça de gado», porque perde todos os direitos como ser humano
e cidadão. Os direitos positivos só se conservam na medida em que o cidadão respeita e assegura os direitos dos demais cidadãos.
  O delito é contrário à ideia de Estado, é contrário à ideia de lei, de
ordem social e jurídica. Neste sentido, FICTHE considera que deve existir
um regime diferenciado de penas e não aplicar a todos os tipos de crime
a pena de exclusão da sociedade, uma vez que o Estado tem interesse em
conservar os seus cidadãos. Ao infrator de normas que não afetem a vida
humana – *p. e.*, crime contra o património – a sociedade deve permitir a
expiação da pena de maneira diversa da exclusão, ou seja, deve optar por

---

[77] Cfr. JEAN-JACQUES ROUSSEAU. *Contrato Social*. Tradução do francês de MANUEL JOÃO PIRES.
Lisboa: Temas e Debates – Círculo de Leitores, 2012, pp. 57, 66, 69-70.
[78] Cfr. LUIS GRACIA MARTÍN. *O Horizonte do Finalismo*.... p. 98 e JEAN-JACQUES ROUSSEAU. *O
Contrato Social*. pp. 84-85 e 127-129.
[79] Quanto à teoria do homicida como coisa, FICHTE. *Grundlage des Naturrechts nach Prinzipien der
Wissenschaftslehre*. Hamburgo: Felix Meiner Verlag, 1960 e LUIS GRACIA MARTÍN. *O Horizonte do
Finalismo*.... pp. 98-99. Quanto à teoria de FICHTE, GÜNTHER JAKOBS. *Derecho penal del Enemigo*.
2.ª Edição, pp. 28-31, KAI AMBOS. *Derecho Penal del Enemigo*. In: *Derecho Penal*.... Vol. 1, p. 125
e GERMÁN ALLER. El Derecho Penal del Enemigo y la Sociedad de Conflicto. In: *Derecho Penal*....
Vol. 1, pp. 99-100.

uma pena que não retire ao delinquente todos os direitos desde que a pena alternativa não afete a manutenção da segurança pública.

Se a conduta humana negativa consignar a pratica de um crime de homicídio intencional e/ou premeditado, o seu agente não pode ter outra sorte que não seja a exclusão – *jurídico-física e técnica*[80] – em definitivo da sociedade: o delinquente condenado pelo crime de homicídio deve ser considerado uma **coisa** e equiparado a «uma cabeça de gado», devendo ser proscrito e o Estado ou qualquer cidadão está autorizado a prendê-lo, torturá-lo e a matá-lo de forma arbitrária[81].

---

[80] Com a mesma linha de pensamento SEBASTIAN SCHEERER, MARIA LAURA BÖHM e KARO-LINA VÍQUEZ. Seis Preguntas y Cinco Respuestas.... In: *Derecho Penal del Enemigo – Vol. 2*, p. 928.

[81] Cfr. KAI AMBOS. Derecho Penal del Enemigo. In: *Derecho Penal*.... Vol. 1, p. 125. Com a mesma linha de pensamento se pode ler SEBASTIAN SCHEERER, MARIA LAURA BÖHM e KAROLINA VÍQUEZ. Seis Preguntas y Cinco Respuestas.... In: *Derecho Penal del Enemigo – Vol. 2*, p. 928.

5.3. O *cidadão* e o *inimigo* em Hobbes

9. Thomas Hobbes[82] concebe um Direito penal do inimigo como a moderna dogmática penal do inimigo[83]. É com Hobbes que se adquire a ideia do que

[82] Para entendermos as teses de Hobbes impõe-se uma releitura das suas duas grandes obras: *Do Cidadão* e *Leviatã*. Os dois espaços estatais – natureza e legal – geram as condições subjetivas políticas – cidadão e inimigo – que integram ou desintegram (excluem) os seres humanos de uma ordem jurídico-política organizada. Na obra *Do Cidadão*, Hobbes escreve que, «quanto àqueles que não desejarem se reconhecer sujeitos ao magistrado civil, e quiserem estar isentos de todos os encargos públicos, e não obstante quiserem viver sob sua jurisdição e ter proteção contra a violência e as injúrias de terceiros, *não os considereis súditos iguais a vós*, **mas** tomai-os por *como inimigos* e espias» (p. 19). E «se alguém submeteu sua vontade à vontade da cidade, de modo que esta possa, com todo o direito e sem risco de punição, fazer qualquer coisa – baixar (*decretar*) leis, julgar controvérsias, fixar penalidades, utilizar a seu bel-prazer a força e a riqueza dos homens –, com isso conferiu a esta o maior domínio que se possa conceder a uma pessoa» (p. 108) e constitui «uma parte substancial dessa liberdade, que é inofensiva ao governo civil, e necessária para que cada súdito viva em felicidade, que não haja penalidade a temer, a não ser as que ele possa tanto antever quanto esperar; e isso sucede, quando não há castigo algum definido pelas leis, ou não se pedem maiores do que aqueles que elas estabeleceram. **Quando a lei não define a punição, quem for o primeiro a violá-la aguarda um** *castigo indefinido ou arbitrário*; e esse seu temor supõe-se que seja ilimitado, porque se refere a um mal sem limites. Ora, a lei de natureza manda aos que não estão sujeitos a nenhuma lei civil (pelo que dissemos no Capítulo III, parágrafo 11), ou seja, aos comandantes supremos, que quando castigarem ou se vingarem não considerem tanto aquele mal passado e sim o bem futuro; e comete pecado quem se vale de qualquer outra medida, que o benefício público, ao infligir um castigo arbitrário» (p. 211). Mas quando a lei estipula limites das penas, impor aos súditos – cidadãos e não inimigos – "uma pena maior que essa definida na lei vai contra a lei da natureza" (pp. 211-212). Cf. Thomas Hobbes. *Do Cidadão*. Tradução do inglês *Philosophical Rudiments Concerning Government and Society* de Renato Janine Ribeiro. 3.ª Edição. São Paulo: Martins Fontes, 2002. Negrito e itálico nossos.
Na obra *Leviatã*, Hobbes escreve, entre outras sintomáticas ideias de exclusão ou de integração do cidadão, o seguinte: «*tudo aquilo que é válido para um tempo de guerra*, em que *todo homem é inimigo de todo homem*, o mesmo é válido também para *o tempo durante o qual os homens vivem sem outra segurança* senão a que lhes pode ser oferecida por sua própria força e pela sua própria invenção (p. 111). E em uma «condição de guerra, em que *cada homem é inimigo de cada homem*, por falta de um poder comum que os mantenha a todos em respeito, ninguém pode esperar ser capaz de se defender da destruição só com sua própria força ou inteligência, sem o auxílio de aliados, em alianças das quais cada um espera a mesma defesa» (...) «alguém que seja deixado fora ou expulso de uma sociedade está condenado a perecer» (p. 127). E se «um súdito **negar a autoridade do representante do Estado** (seja qual for a penalidade prevista para a traição), o **representante pode legitimamente fazê-lo sofrer o que bem entender**. Porque ao negar a sujeição ele negou as punições previstas pela lei, portanto **deve sofrer como inimigo do Estado**, isto é, conforme a vontade do representante. Porque as punições são estabelecidas pela lei para os súditos, não para os inimigos, como é o caso daqueles que, tendo-se tornado súditos por seus próprios atos,

deve ser inimigo para o Direito penal. São inimigos os seres humanos que estão no *estado de natureza*, produtor de constante perigo e ameaça à existência humana, e que projetam falta de segurança cognitiva. Esta construção levou HOBBES a pensar e defender um Direito penal para os cidadãos maus e outro Direito penal para os inimigos. Esta construção assenta na frase da Comédia dos Asnos – *Asinaria* – de PLAUTO – *Lupus est homo homini, non homo, quom qualis sit non novit*[84] – que HOBBES reintroduz no pensamento político moderno como base da separação entre o *estado natureza* e o *estado legal*, quando falo do ser egoísta humano, no seu livro Leviatã.

A conceção da igualdade natural e a ausência de uma ordem jurídica superior que regule a disposição dos bens, permitiria que aos homens fosse possível dispor da própria vida do outro. Este estado natural gera, sem dúvida, um estado senão de guerra, no mínimo um estado de permanente tensão e perigosidade, uma vez que cada um pode lutar para deter aquilo que egoisticamente pensa ser essencial e que considera suporte de assegurar o poder já adquirido. Esta visão egoística do mundo e das necessidades gera uma guerra perpétua «de», «entre» e «para» todos.

Mas um *estado de natureza permanente* não garante a segurança pública crucial para a manutenção da sua existência. A saída deste estado pode ser de duas formas: a paixão e a razão. A paixão gera domínio sobre os «outros», mas esse domínio não garante a paz e a segurança do «eu», dominador, e dos «outros», dominados; gera um estado de contínuo *medo* ou *insegurança*, emergente da *desconfiança, i. e.*, gera um sentimento cognitivo de ser vítima de um comportamento violento.

A razão, apontada como o caminho para deixar o estado de natureza e da ameaça constante, conduz os homens a criarem normas geradoras de paz e constituir uma sociedade instituída em Estado. Este Estado emerge de duas forças humanas: o desejo de *ter poder*, que gera guerras entre todos, e o *medo* recíproco entre os homens. A submissão à lei do Estado, da maio-

---

deliberadamente se revoltam e negam o poder soberano» (p. 249). Cfr. THOMAS HOBBES. *Leviatã ou Matéria, Forma e Poder de um Estado Eclesiástico e Civil*. Tradução de João Paulo Monteiro e Maria Beatriz Nizza da Silva. 4.ª Edição. Lisboa: INCM, 2010. Negrito e itálico nossos.

[83] Neste mesmo sentido, LUIS GRACIA MARTÍN. *O Horizonte do Finalismo...*, pp. 101-119. Quanto à teses de HOBBES, KAI AMBOS. Derecho Penal del Enemigo. In: *Derecho Penal...*, Vol. 1, p. 125, GÜNTHER JAKOBS. *Derecho penal del Enemigo*. 2.ª Edição, pp. 30-36, GERMÁN ALLER. El Derecho Penal del Enemigo y la Sociedad de Conflicto. In: *Derecho Penal...*, Vol. 1, pp. 98-99, e JOÃO AFONSO GIL. *O Estado de Excepção na Teoria Política Internacional*, BOND, 2010, pp. 21-22.

[84] Tradução: *O homem é o lobo do homem, e não é um homem, quando não se conhece a si*.

ria, não significa concordância, mas uma transferência limitada do seu poder individual de dispor – face ao receio, ao medo, à desconfiança e à ameaça do estado de natureza – para um ente superior que lhe garanta a liberdade e a segurança necessárias para exercer a (pouca) liberdade de dispor de que é titular[85].

Os homens transferem para o Estado o dever de criar as leis regentes da vivência e convivência humana, submetidas às leis naturais, que refletem a paz e não são emergentes da paixão humana. O pacto dos homens em obedecer às leis naturais não garante, por si só, a confiança, a segurança essencial à convivência humana. Nesse sentido, deve outorgar-se a um soberano ou a uma assembleia representativa o poder de reduzir todas as vontades individuais a uma só vontade – *lei* – que promova a paz, a segurança e a confiança entre os cidadãos.

10. O Estado, nesta visão, só realiza a sua missão se for capaz de substituir a guerra de todos contra todos – *bellum omnium contra omnes* – pela ordem e segurança garantes da existência humana. Daqui se projeta o poder de punir do soberano aqueles que infrinjam a lei e esse direito de punir só se encontra limitado se o infrator "oferecer expectativas de segurança futura"[86]. Caso o infrator não dê garantias de segurança futura – de respeitar a lei civil –, então deve aplicar-se o Direito penal da guerra ou do inimigo. Só aos delinquentes que apresentem condições de garantir uma segurança cognitiva futura é que se aplica o Direito penal do cidadão, cujo poder de punir do soberano se encontra limitado pela lei positiva.

Aos demais agentes de crime [delinquentes] – aqueles que são declarados inimigos por não garantirem a segurança cognitiva e serem um perigo e uma ameaça para a sociedade, como os que cometem crimes de *lesa-majestatis* ou contra a vida dos membros da comunidade – deve aplicar-se o Direito penal bélico, porque ou nunca se integraram na lei civil ou,

---

[85] Neste sentido, CESARE BECCARIA, *Dos Delitos e das Penas*. 3.ª Edição, pp. 64-65:
"Toda a pena que não deriva da necessidade – (...) – é tirânica. (...): todo o acto de autoridade de um homem sobre outro homem que não derive da absoluta necessidade é tirânico.
(...)
Nenhum homem fez dádiva gratuita de parte da sua liberdade com vista ao bem público; uma tal quimera não existe senão na ficção; se fosse possível, cada um de nós quereria que os pactos que vinculem os outros não nos vinculassem; cada homem se coloca no centro de todas as combinações do globo".
[86] Cfr. LUIS GRACIA MARTÍN. *O Horizonte do Finalismo....* p. 115.

DIREITO PENAL DO INIMIGO E O TERRORISMO

se foram integrantes, deixaram de ser por negarem o "pacto social constitutivo do corpo político do Estado"[87] e voltaram ao *estado natureza*: ao «estado da guerra».

Acrescente-se que, segundo este ideário, podem ser punidos [castigados] inocentes e punir [castigar] um inocente é contrário à lei da natureza tornada lei civil, exceto se for inimigo inocente, cuja lei da guerra se cinge pela espada que não distingue entre inocentes e culpados. HOBBES, que enumera, ao longo da sua obra, várias garantias processuais – inexistência do dever de autoincriminação, inexistência do dever de acusar familiares, invalidade da confissão obtida por tortura, presunção de inocência[88] – não se refere alguma vez à diminuição de garantias processuais para os inimigos. Contudo, essa diminuição de garantias processuais penais é uma consequência necessária do Direito penal do inimigo.

5.4. O estado natural e o estado legal: IMMANUEL KANT e JOHN LOCKE

11. IMMANUEL KANT[89], em *A Paz Perpétua*, contribui para uma conceção de inimigo como uma ameaça à ordem jurídica instituída ou como uma ameaça permanente à segurança jurídica, física e cognitiva dos membros da Constituição civil. Existem dois estados: o estado de natureza – *status naturalis* – e o estado da paz ou o *estado legal*. No estado natural, a ameaça e a insegurança são permanentes e vive-se em estado de *guerra*. No *estado da paz*, em que os homens que convivem em comunhão ou os povos se relacionam segundo um *estado legal* emergente do direito político – *ius civitatis* e o *ius cogens* –, a ameaça é afastada, assim como o estado de guerra.

KANT escreveu que o "estado de paz entre os homens que vivem juntos não é um estado de natureza (*status naturalis*), o qual é antes um estado de

---

[87] Cfr. LUIS GRACIA MARTÍN. *O Horizonte do Finalismo....* p. 117.

[88] Cfr. THOMAS HOBBES. *Do Cidadão*. Tradução do inglês *Philosophical rudiments concerning government and society* de Renato Janine Ribeiro. São Paulo: Martins Fontes. 2002, pp. 45-52 (49-50) e *Leviatã ou Matéria, Forma e Poder de uma República Eclesiástica e Civil*. Tradução do U, *Viathan* de João Paulo Monteiro e Maria Beatriz Nizza da Silva. 4.ª EDição. Lisboa: INCM. 2010, pp. 121-123.

[89] Cfr. IMMANUEL KANT. *A Paz Perpétua e Outros Opúsculos*. Lisboa: Edições 70, 2008, pp. 129-185 e LUIS GRACIA MARTÍN. *O Horizonte do Finalismo....* pp. 100-101. Quanto à teoria de KANT sobre o inimigo, KAI AMBOS. Derecho Penal del Enemigo. In: *Derecho Penal....* Vol. 1, p. 125, GÜNTHER JAKOBS. *Derecho penal del enemigo*. 2.ª Edição, pp. 31-36 e 38-43, e GERMÁN ALLER. El Derecho Penal del Enemigo y la Sociedad de Conflicto. In: *Derecho Penal...*Vol. 1, p. 101.

EVOLUÇÃO HISTÓRICA

guerra, isto é, um estado em que, embora não exista sempre uma explosão das hostilidades, há sempre, no entanto, uma ameaça constante. Deve, portanto, *instaurar-se* o estado de paz; pois a omissão de hostilidades não é ainda a garantia de paz e se um vizinho não proporciona segurança a outro (o que só pode acontecer num estado *legal*), cada um pode considerar como **inimigo** a quem lhe exigiu tal segurança"[90].

Os membros do *estado legal* ou constitucional devem respeitar os outros membros, caso infrinjam as normas de relacionamento, podem ser obrigados a serem reintegrados no estado social-legal ou a serem afastados por terem abandonado os padrões do estado legal. Dentro desta lógica, pode aferir-se que, para KANT, inimigo é aquele que se encontra no estado natural – ameaça constante e permanente à ordem e à segurança pública – ou aquele que, estando no estado legal, se tenha afastado com comportamentos que colocam em perigo a paz do estado legal. O simples facto de ser membro do estado natural provoca uma reação contra o mesmo como se fosse um inimigo.

KANT não enquadra a pena de morte como consequência de crime de homicídio como resposta punitiva do *estado natureza* ou como inimigo, desde que seja a consequência a recair sobre um homem de honra, membro do *estado legal*:

> "todos os criminosos que cometeram um assassinato, ou ainda os que o ordenaram ou nele estiveram implicados, hão-de sofrer também a morte; assim o quer a justiça enquanto ideia do poder judicial, segundo leis universais, fundamentadas *a priori*. – Mas se o número de cúmplices (*correi*) de tal acção fosse tão grande que o Estado, para se ver livre de semelhantes criminosos, tivesse de chegar quase ao extremo de já não ter mais nenhum súbito e, todavia, se não quisesse dissolver, isto é, passar ao estado natureza, que é pior porque carece de toda a justiça exterior (e não quisesse sobretudo embotar o sentimento do povo com o espectáculo de um matadouro), então

---

[90] Cfr. IMMANUEL KANT. *A Paz Perpétua e Outros Opúsculos*. Lisboa: Edições 70, 2008, pp. 136-137. Negrito nosso. O grande filósofo, quanto a este propósito, afirma que "o homem (ou / o povo), no simples estado de natureza, priva-me dessa segurança e já me prejudica em virtude precisamente desse estado, por estar ao meu lado, se não efectivamente (*facto*), no entanto, devido à ausência de leis do seu estado (*statu iuniusto*), pela qual eu estou constantemente ameaçado por ele". *Ibidem*, nota 33.

o soberano, neste caso extremo (*casus necessitatis*), deve também ter poder para ele próprio fazer de juiz (representá-lo) e pronunciar uma sentença que, em vez da condenação à morte, imponha aos criminosos outra pena que conserve a vida do conjunto do povo, por exemplo a deportação"[91].

O soberano atuaria não sob a lei pública, mas sob o véu da autoridade, e poderia indultar os criminosos. Se estivéssemos no estado natureza, o homicídio não o era e nem sequer poder-se-ia chamar de assassinato (*homicidium dolosum*)[92].

O *estado legal* implica a igualdade formal da aplicação da lei e a ação do Estado sob o primado do princípio da legalidade. Nesta linha de igualdade – utópica, mas que foi essencial para a afirmação do princípio da legalidade penal –, KANT propunha, como fim do Direito penal, a retribuição ética da ofensa ao bem jurídico lesado (ou colocado em perigo de lesão), contrariamente a HEGEL que propunha a retribuição jurídica material da ofensa ao bem jurídico lesado (ou colocado em perigo de lesão). Nesta linha, KANT considerava que a retribuição plena – na base de talião – só era possível para o homicida, que devia morrer[93].

12. JOHN LOCKE, em *Dois Tratados do Governo Civil*, escreve que todo o homem é, no *estado natureza*, detentor de uma liberdade que não corresponde a qualquer "estado de licenciosidade" e que a liberdade de "dispor de si e do que possui" não lhe confere a liberdade de se autodestruir e de destruir todos os que de si dependem, uma vez que o "estado natureza é governado por uma lei natural a que todos estão sujeitos"[94], em que todo o poder se encontra em um estado de igualdade e de reciprocidade, em que a superioridade não existe, porque os homens são "criaturas da mesma espécie e categoria"[95].

---

[91] Cfr. IMMANUEL KANT. *Metafísica dos Costumes – Parte I – Princípios Metafísicos da Doutrina do Direito*. Tradução de ARTUR MOURÃO. Lisboa: Edições 70 Lda., 2004, pp. 149-150.

[92] Cfr. IMMANUEL KANT. *Metafísica dos Costumes – Parte I – Princípios....* p. 151.

[93] Quanto a este assunto, IMMANUEL KANT *apud* CARLOS ROBERTO BACILA. *Estigmas. Um Estudo sobre os Preconceitos*. Rio de Janeiro: Lumen Juris Editora, 2008, pp. 176-177.

[94] Cfr. JOHN LOCKE. *Dois Tratados do Governo Civil*. Tradução do inglês *Two Treatises on Government* de MIGUEL MORGADO e Revisão de LUÍS ABEL FERREIRA. Lisboa: Edições 70, p. 235.

[95] Cfr. JOHN LOCKE. *Dois Tratados do Governo....* p. 233.

EVOLUÇÃO HISTÓRICA

Os seres humanos, que praticam, no estado natureza, factos que a comunidade considera como criminosos, apresentam-se à comunidade como desinseridos do estado legal e como ser nocivos e perigosos para o "género humano", tendo em conta que os factos são uma "ofensa à espécie inteira" que afeta a paz e a segurança estipuladas pela lei natural, e estão sujeitos à restrição impregnada por todo e qualquer homem que veja o seu bem afetado, porque no estado natureza "todo o homem tem o direito de punir o ofensor e de ser o executor da lei natural»"[96].

O agente do crime (da ofensa à ordem jurídica) é um estrangeiro para a lei que vincula os "súbditos da comunidade política", porque o "indivíduo degenera e declara abandonar os princípios da natureza humana para viver como uma criatura nociva"[97]. Não obstante Locke considerar que o homem não tem, mesmo no *estado natureza*, todo o poder para matar ou aniquilar o outro homem, só o podendo fazer em caso de homicídio, defende que o agente de um crime pode "ser destruído como um leão ou um tigre, um desses animais selvagens com os quais o homem não pode viver em sociedade, nem em segurança"[98] e que as ofensas cometidas no *estado natureza* podem ser "punidas no estado de natureza com castigo igual e tão severo como no seio de uma comunidade política"[99]. Sendo um ser nocivo – inimigo da sociedade –, o infrator deve estar sujeito à liberdade de decisão e de ação do outro ser, juiz em sua causa, que "pode fazer o que quiser a todos os seus súbitos"[100].

Como se pode aferir, a liberdade do *estado de natureza* não é total, mas não se encontra delimitada como no *estado legal*, em que a autoridade legislativa se aplica aos seres que não são nocivos à segurança nem à sociedade: aos que não são inimigos da sociedade politicamente organizada.

5.5. Outras manifestações de inimigo no séc. XIX e início do séc. XX

13. Franz von Liszt não propulsionou uma visão belicista do Direito penal. Mas, ao defender que existiam três categorias de delinquentes –

---

[96] Cfr. John Locke. *Dois Tratados do Governo...*. p. 237.
[97] Cfr. John Locke. *Dois Tratados do Governo...*. p. 238.
[98] Cfr. John Locke. *Dois Tratados do Governo...*. p. 239.
[99] Cfr. John Locke. *Dois Tratados do Governo...*. p. 239.
[100] Cfr. John Locke. *Dois Tratados do Governo...*. p. 240.

reincidentes, delinquentes habituais e delinquentes por tendência[101] – que deviam estar sujeitos a prisão perpétua ou de duração indeterminada, com a consequente perda duradoura de direitos civis e políticos, podemos aferir que, não obstante defender uma política criminal cimentada em uma política social, VON LISZT considera aqueles seres humanos como "um exército de *inimigos fundamentais da ordem social*"[102]. Não um inimigo a ser inocuizado, mas encarcerado *ad temporem*.

Aponta-se a VON LISZT a iniciativa da reinstalar a teoria do Direito penal de autor com a tese da prevenção especial que incidiria sobre a personalidade e traços psíquico-cognitivos do infrator[103]. Como iremos defender mais à frente, consideramos que a teoria do Direito penal de autor incide sobre o autor, sobre determinadas características do presumível infrator, e o Direito penal de VON LISZT incide sobre o facto e é pela prática de um facto que o ser humano é responsabilizado, devendo, no cumprimento da sanção, ater-se à reinserção daquele na sociedade para que não volte a delinquir.

Imbuída da doutrina da ameaça e do perigo constante e do desiderato de criar uma ordem jurídica ariana, pode enquadrar-se a teoria do extermínio das raças menores por parte do *nacional-socialismo* hitleriano no conceito do inimigo: os cidadãos, que devido à sua condição de raça, de religião e de ideologia, são a ameaça permanente ao Estado – ao III *Reich*. A doutrina penalista de MEZGER, um dos ideólogos nazis, fundada no inimigo do *Reich* ao qual só restava a morte imediata – fuzilamento – ou a morte lenta – encaminhamento para os campos de concentração para trabalhos forçados para serem utilizados como escravos, depois gasificados e incinerados. Os inimigos para o regime hitleriano eram todas as raças inferiores – destaque-se a judaica e os ciganos –, os homossexuais e os dissidentes políticos.

A implementação de um Direito penal de autor, em que a pessoa não é responsabilizada pelo que fez, pelo facto que praticou, mas por aquilo que é e representa para o *Reich* – perigo e ameaça permanente para o poder instituído –, arquitetada por MEZGER e MARTIN HEIDDEGER, é uma visão dos riscos inerentes da despersonalização e desnudamento da pessoa da sua condição humana e de a converter em ***coisa*** projetada por um Direito

---

[101] Cfr. FRANZ VON LISZT. *Tratado de Direito Penal Alemão* – Tomo I, pp. 150, 154 e 370-372.
[102] Cfr. LUIS GRACIA MARTÍN. *O Horizonte do Finalismo....* p. 120 e n. 218.
[103] Cfr. CLAUS ROXIN, *Derecho Penal...* – Tomo I, pp. 178-179.

EVOLUÇÃO HISTÓRICA

penal do inimigo. Pode dizer-se que é o resultado de mutações político-legislativas que se inscrevem do século XV a XIX – inglesa (*Enclosures* e os *Black Acts*), francesa (comissão de bem estar e a lei dos suspeitos de 1793) e alemã (legislação demagógica e socialista) – e que acompanha sempre as crises sociopolíticas[104].

É interessante que CARL SCHMITT[105], mesmo reconhecendo tempos mais tarde que a humanidade como conjunto não tem inimigos, e que cada homem pertence à humanidade, devendo mesmo o delinquente ser tratado como um homem, quando fala da discriminação dentro da humanidade, volta a colocar a discussão científico-jurídica no campo da *qualidade do homem negativo, nocivo, perturbador*, em que o homem considerado dessa forma negativa se converte em *não-homem*, em *não-pessoa* (*Unmensch, Unperson*) e a sua *vida já não tem valor supremo*, porque passa a ser um *sem valor que deve ser destruído*.

§ 6.º Resenha comparativa

14. Cumpre-nos, neste momento e com brevidade, fazer pequenos apontamentos quanto ao significado *delitivo objetivo*, ao significado *subjetivo*, ao *motivador*, ao *estatuto* e à *pena* do Direito penal[106].

No que respeita ao significado *delitivo objetivo*, todos os autores estudados centram o Direito penal no *facto*. Os factos praticados pelos seres humanos é que constituem a base de se considerar ou não um ser humano inimigo, porque são a representação da desvalorização jurídica: para

---

[104] Sobre este assunto, SEBASTIAN SCHEERER, MARIA BÖHM e KAROLINA VÍQUEZ. Seis Preguntas y Cinco Respuestas sobre el Derecho penal del Enemigo. In: *Derecho Penal del Enemigo – Vol. 2.* Coordenação de MANUEL CANCIO MELIÁ e CARLOS GÓMEZ-JARA DÍEZ. Tradução do alemão de CARLOS GÓMEZ-JARA DÍEZ, Madrid: Edisofer S.L. e Buenos Aires/Montevideo: B de F Ltda., 2006, pp. 924-928.

[105] Cfr. CARL SCHMITT. La Revolución Legal Mundial. Plusvalía política prima sobre legalidad jurídica y superlegalidad. In: *Revista de Estudios Políticos*.10 (Nueva Época). Julio-Agosto 1979, Madrid: Centro de Estudios Constitucionales, p. 23. Relembrando o genocídio de judeus e dos indesejados sociopolíticos como uma *operação policial*, encarnada pelo *soberano* e relembrando a teoria de SCHMITT de que "o inimigo vinha antes do excluído da humanidade civil e carimbado como criminoso", GIORGIO AGAMBEN. *Meios sem Fim. Notas sobre Política.* Tradução do italiano *Mezzi senza fine: note sulla politica* de Davi Pessoa Carneiro. Belo Horizonte: Autêntica EDitora, 2015, pp. 97-100 (100).

[106] Para esta análise seguimos LUIS GRACIA MARTÍN. *O Horizonte do Finalismo....* pp. 120-127.

FICHTE, o homicídio premeditado; para HOBBES, os crimes de *lesa-majes-tatis*; para ROUSSEAU, factos qualificados como graves e que colocassem em ameaça o contrato social; para JAKOBS[107], na atualidade, o terrorismo, crimes de Estado, tráfico de armas, de droga, crimes sexuais graves. Estes factos, caracterizantes do ser humano como inimigo, como elucida SILVA SÁNCHES, representam uma ameaça aos "fundamentos últimos da socie-dade constituída em Estado"[108].

Quanto aos *sujeitos*, podem considerar-se inimigos os seres humanos que se desvinculam subjetivamente do Direito e os que praticam reitera-damente factos que colocam em perigo a sociedade, que ameaçam a ordem social e jurídica vigente, a segurança e a paz pública. JAKOBS fala de *crimi-nalidade organizada*, termo desconhecido nos séculos passados, mas que se apurava dentro dos termos de rebelião, revolução, crimes de lesa-majes-tade, que implicavam sempre uma pluralidade estruturada e organizada de seres humanos que atuavam contra a ordem jurídica estabelecida.

15. No que respeita à *razão* (motivação) de ser da conceção de inimigo, podemos aferir que os inimigos para o Direito penal são aqueles que repre-sentam uma ameaça à segurança cognitiva ou do seu comportamento se extrai um estádio de perigosidade ao sistema ou ordem jurídico-social. Razões de segurança do coletivo implicam que, como no *Anónimo de Jâm-blico*, o ser humano se encontre em estado de ilegalidade e, por isso, gere desconfiança e risco permanente para a comunidade, devendo essa ameaça ser extirpada.

Referente ao *estatuto* do inimigo, as várias doutrinas ao longo dos tem-pos vai no sentido de afastar ou retirar a condição de pessoa ao delinquente que passa a ser **coisa**. No *Anónimo de Jâmblico*, o delinquente quando não excluído da sociedade, inocuizado, deve ser submetido ou escravizado; S. TOMÁS DE AQUINO aponta para a eliminação ou exclusão por meio da morte; HOBBES defende que o inimigo está, sempre, excluído porque carece da condição de cidadão, quer porque nunca se vinculou ao pacto social quer porque o renunciou; ROUSSEAU defende a exclusão da cidadania pela morte ou exílio; KANT, apesar de admitir a reinserção no *estado legal* do agente do

---

[107] Cfr. GÜNTHER JAKOBS. *Derecho Penal del Ciudadano y Derecho Penal del Enemigo*. Tradução de MANUEL CANCIO MELIÁ. Madrid: Cuadernos Civitas, 2003, p. 39 e ss..

[108] JOSÉ MARIA SILVA SÁNCHES. *La Expansión del Derecho Penal*. 2.ª Ed., Madrid: Civitas, 2001, p. 163.

crime, considera que ou já está excluído (legitimando-se as hostilidades bélicas) ou está no estado de legalidade, que negou, e deve ser excluído.

Referente à *pena*, o discurso não se prende com a prevenção geral nem com a reeducação, mas com puros atos de hostilidade, de neutralização e de inocuização da ameaça, do perigo e da insegurança, devendo-se infligir sobre o inimigo todo o mal necessário, mesmo que o delinquente só tenha praticado atos preparatórios. Mas Jakobs, contrariando as teses de exclusão total do delinquente inimigo, defende que o delinquente inimigo mantém a personalidade, devendo o mesmo permanecer dentro do Direito para que possa reparar o mal que fez e para que possa reconciliar-se com a sociedade[109]. Esta construção jurídico-dogmática de Jakobs é uma das peculiaridades: apresenta uma construção em o inimigo é inimigo do Direito – *Täter als Rechtsgütsfeind* – e a responsabilização dos seus atos – condutas de um inimigo – deve ocorrer dentro de uma Direito penal, designado de Direito penal do inimigo e nunca fora do Direito.

Fontes: AGAMBEN, Giorgio. *Estado de Exceção*. Tradução do italiano *Stato di Eccezione* de Iraci Poleti. São Paulo: Boitempo Editorial, 2004; *Meios sem Fim. Notas sobre Política*. Tradução do italiano *Mezzi senza fine: note sulla politica* de Davi Pessoa Carneiro. Belo Horizonte: Autêntica EDitora, 2015. ALLER, Germán. El Derecho Penal del Enemigo y la Sociedad del Conflito. In: *Derecho Penal del Enemigo* – Vol. 1. Coordenadores Manuel Cancio Meliá e Carlos Gómez-Jara Díez. Madrid: Edisofer S.L. e Buenos Aires/Montevideo: B de F Ltda., 2006. AMBOS, Kai. Derecho Penal del Enemigo. In: *Derecho Penal del Enemigo* – Vol. 1. Coordenadores Manuel Cancio Meliá e Carlos Gómez-Jara Díez. Tradução do alemão de Carlos Gómez-Jara Díez, Madrid: Edisofer S.L. e Buenos Aires/Montevideo: B de F Ltda., 2006. AQUINO, S. Tomás de. *Summa Theologica II. 2*, Qu. 64.2; *Tratado da Justiça*. Retirado da *Summa Theologica* e Tradução do latim de Fernando Couto. Porto: Resjurídica. BACILA, Carlos Roberto. *Estigmas. Um Estudo sobre os Preconceitos*. Rio de Janeiro: Lumen Juris Editora, 2008. BECCARIA, Cesare. *Dos Delitos e das Penas*. Tradução do *Dei Delitti e Delle Pene* de José de faria Costa. 3.ª Edição, Lisboa: Fundação Calouste Gulbenkian, 1998. BELLIDO, Antonio Melero (Compilador). *Sofistas. Testimonios y fragmentos*. Madrid: Editora Gredos, 1996. BERCOVICI, Filberto. Carl Schmitt e a Tentativa de uma Revolução Conservadora. In: *O Pensamento Alemão no Século*

---

[109] Cfr. Günther Jakobs. *Derecho Penal del Ciudadano....* p. 28.

XXX – Volume 1. Org. de Jorge de Almeida e Wolfgang Bader. São Paulo: Cosac Naify, 2013. BOBBIO, Norberto. *Elogio da Serenidade. E outros escritos morais.* Tradução do italiano *Elogio della mitezza* de Marco Aurélio Nogueira. São Paulo: Unesp Editora, 2002. MUÑOZ CONDE, Francisco (Coord. versão Espanhola). *La Ciência del Derecho Penal ante el Nuevo Milenio.* Coord. alemães Albin Eser, Winfried Hassemer e Björn Burkhardt. Valencia: Tirant lo Blanch, 2004. DIAS, Jorge de Figueiredo. *Direito Penal. Parte Geral. Tomo I: As Questões Fundamentais. A Doutrina Geral do Crime.* 2.ª Edição. Coimbra: Coimbra Editora, 2007. FICHTE. *Grundlage des Naturrechts nach Prinzipien der Wissenschaftslehre.* Hamburgo: Felix Meiner Verlag, 1960. HOBBES, Thomas. *Do Cidadão.* Tradução do inglês *Philosophical Rudiments Concerning Government and Society* de Renato Janine Ribeiro. 3.ª Edição. São Paulo: Martins Fontes, 2002; *Leviatã ou Matéria, Forma e Poder de um Estado Eclesiástico e Civil.* Tradução de João Paulo Monteiro e Maria Beatriz Nizza da Silva. 4.ª Edição. Lisboa: INCM, 2010. GIL, João Afonso. *O Estado de Excepção na Teoria Política Internacional,* Bond, 2010, pp. 21-22. GÜNTHER, Klaus. Crítica da Pena I. In: *Teoria da Responsabilidade no Estado Democrático de Direito – Textos de Klaus Günther.* Organização e tradução do alemão de Flavia Portella Püschel e Marta Rodriguez de Assis Machado. São Paulo: Editora Saraiva, 2008. HABERMAS, Jürgen. *Técnica e Ciência como "Ideologia".* Tradução do alemão *Technik und Wissenschaft als «Ideologie»* de Artur Mourão, Lisboa: Edições 70, 2006. JAKOBS, Günther e CANCIO MELIA, Manuel. *Derecho Penal del Ciudadano y Derecho Penal del Enemigo.* Tradução de Manuel Cancio Meliá. Madrid: Cuadernos Civitas, 2003; JAKOBS, Günther. *Dogmática de Derecho penal y configuración normativa de la sociedad.* Tradução do alemão de Manuel Cancio Meliá. Madrid: Thomson-Civitas, 2004; *Sobre la Normativización de la Dogmática Jurídico-penal.* Tradução do alemão de Manuel Cancio Meliá e Bernardo Feijoó Sánchez. Madrid: Thomson-Civitas, 2003. JESCHECK, Hans-Heinrich e WEIGEND, Thomas. *Tratado de Derecho Penal. Parte General.* Tradução do alemão de Miguel Olmedo Cardenete. 5.ª Edição. Granada: Comares Editorial, 2002. KANT, Immanuel. *A Paz Perpétua e Outros Opúsculos.* Lisboa: Edições 70, 2008; *Metafísica dos Costumes – Parte I – Princípios Metafísicos da Doutrina do Direito.* Tradução de Artur Mourão. Lisboa: Edições 70 Lda., 2004. LISZT, Franz von. *Tratado de Direito penal Alemão* – Tomo I *Lehrbuch des Deutschen Strafrechts* Tradução do alemão de José Hygino Duarte Pereira. Campinas /São Paulo: Russell, 2003. LOCKE, John. *Dois Tratados do Governo Civil.* Tradução do inglês *Two Treatises on Government* de Miguel Morgado e Revisão de Luís Abel Ferreira. Lisboa: Edições 70. PLATÓN. *Diálogos I.* Tradução do grego de J. Calonge Ruiz, E. Lledó Iñigo e C. García Gual. Madrid: Editora Gredos, 1981. POLAINO-ORTS, Miguel. *Derecho Penal del Enemigo. Fundamentos, potencial de sentido y límites de vigência.* Barcelona: Bosch, 2009. PRITTWITZ, Cornelius. Derecho Penal del Enemigo: Análises Crítico o Programa del Derecho Penal?. In: *La Política Criminal en Europa.* Directores Santiago Mir Puig e Mirentxu Corcoy Bidasolo e coordenador Víctor Gómez Martín, Barcelona: Atelier, 2004. ROUSSEAU, Jean-Jacques. *Contrato Social.* Tradução do francês de Manuel João Pires. Lisboa: Temas e Debates – Círculo de Leitores, 2012, pp. 57, 66, 69-70. ROXIN, Claus. *Derecho Penal. Parte General. Tomo I. Fundamentos, La Estructura de la Teoría del Delito.* Tradução do alemão *Strafrecht. Allgemeiner Teil, Band I: Grundlagen. Der Aufbau der Verbrechenslehre* (2.ª Edição) de Diego-Manuel Luzón Peña, Miguel Díaz y García Conlledo e Javier de Vicente Remesal. Madrid: Civitas, 1999. SCHEERER, Sebastian, BÖHM, Maria Laura e VÍQUEZ, Karolina. Seis Preguntas y Cinco Respuestas sobre el Derecho penal del Enemigo. In: *Derecho Penal del Enemigo – Vol. 2.* Coordenação de Manuel Cancio Meliá e Carlos Gómez-Jara Díez. Tradução do alemão de Carlos Gómez-Jara Díez, Madrid: Edisofer S.L. e Buenos Aires/Montevideo: B de F Ltda., 2006. SCHMITT, Carl. La Noción de lo Político – Prefacio. In: *Revista de Estudios Políticos.* Madrid. 1963, n.º 132; La Revolución Legal Mundial. Plusvalía política prima sobre legalidad jurídica y superlegalidad. In: *Revista de Estudios Políticos.*10 (Nueva Época). Julio-Agosto 1979, Madrid: Centro de Estudios Constitucionales. VALENTE, Manuel Monteiro Guedes. Cooperação Judiciária em Matéria Penal no Âmbito do Terrorismo. In: *A União Europeia e o Terrorismo Transnacional,* Coordenação de Ana Paula Brandão, Coimbra: Almedina, 2010. WELZEL, Hans. *Introdución a la Filosofía del Derecho. Derecho natural y Justicia material.* Tradução do alemão de Felipe González Vicente. 2.ª Ed., Madrid: Editora Aguilar, 1971. ZAFFARONI, Eugenio Raúl. *Em Busca das Penas Perdidas. A perda de legitimidade do sistema penal.* Tradução do espanhol *En Busca de las Penas Perdidas* de Vânia Romano Pedrosa e Amir Lopes da Conceição. 5.ª Edição. Rio de Janeiro: Editora Revan, 2001; *O Inimigo no Direito Penal.* Tradução do espanhol *El enemigo en Derecho penal* de Sérgio Lamarão. 2.ª Edição. Rio de Janeiro: Revan, 2007.

Capítulo 3
O Direito penal do cidadão (?)

§ 1.º A afirmação do Direito penal humanista

1. A ideia de um Direito penal opressivo como forma de afastar os delitos e as ameaças à segurança e à ordem pública e à paz jurídica estabelecida pelo contrato social ou pacto social entra em colapso com a publicação da obra *Dei Delitti e delle Pene* de CESARE BECCARIA, no ano de 1764.

O cidadão legitima o Estado a intervir em seu nome nas questões penais, ao lhe ter cedido o *quantum necessarium* da sua liberdade para que o Estado possa exercer o poder punitivo. Este pensamento está expresso no seguinte trecho:

> "Foi, portanto, a necessidade que obrigou os homens a ceder parte da sua liberdade: é, pois, certo que cada um não quer *colocar no depósito público senão a mínima parte possível, aquela apenas que baste para induzir os outros a defendê-lo.* O conjunto destas partes mínimas possíveis forma o direito de punir; tudo o mais é abuso e não justiça; é facto, mas não é direito. Vede que a palavra direito não é oposta à palavra de força, mas a primeira é antes uma modificação da segunda, no sentido de que é a modificação mais útil para a maioria. E por justiça eu não entendo outra coisa senão o vínculo necessário para manter unidos os interesses particulares, que sem isso voltariam ao

DIREITO PENAL DO INIMIGO E O TERRORISMO

antigo estado de insociabilidade; todas as penas que ultrapassem a necessidade de conservar este vínculo são injustas por natureza"[110].

Os *Delitti* são um marco de mudança do exercício do poder de punir. São um marco da limitação do poder de punir. BECCARIA afirma a personalidade e a dignidade do homem que não pode ser tratado como *coisa*, mas como pessoa. Caso assim não se entenda, já não estamos a falar de Direito e muito menos de Direito penal, mas de arbítrio e de despotismo.

Os *Delitti* trazem para o discurso penal valores fundamentais do iluminismo, cuja *legalidade* se apresenta como fonte legitimante e limitadora do *ius puniendi* e assenta na *igualdade* penal e nas garantias em direito penal material e processual. Afirmam um Direito penal como garantia da limitatividade da intervenção e perseguição penal por parte do Estado. Como ensina FARIA COSTA[111], os *Delitti* são um manifesto do garantismo ou das garantias processuais penais do cidadão na relação com o Estado detentor do *ius puniendi*. Nasce um novo olhar sobre o delinquente que deve ser responsabilizado pela lesão ao bem jurídico provocada pela conduta negativa da ordem jurídica, mas com dignidade. BECCARIA atribui ao Direito penal a finalidade de retribuição, no sentido de que o cidadão responde pelos seus atos na medida da sua autodeterminação, e a finalidade de prevenção geral e a prevenção especial: a reconciliação do delinquente com a sociedade com a aceitação da vigência normativa.

2. O Direito penal emergente do iluminismo coloca, no centro da discussão, o homem – a pessoa[112] – que reage à ordem estabelecida não por

---

[110] Cfr. CESARE BECCARIA. *Dos Delitos e das Penas*. Tradução do italiano *Dei Delitti e delle Pene* de JOSÉ DE FARIA COSTA. 3.ª Edição, Lisboa: Fundação Calouste Gulbenkian, 1998, pp. 65-66. Itálico nosso.

[111] Cfr. JOSÉ DE FARIA COSTA. Ler Beccaria Hoje. In: CESARE BECCARIA. *Dos Delitos....* p. 8.

[112] Quanto a este assunto e com uma crítica à posição de GÜNTHER JAKOBS, J. DE FIGUEIREDO DIAS. *Direito Penal. Parte Geral...* –Tomo I. 2.ª Edição, pp. 35-37 e 98. ANABELA MIRANDA RODRIGUES defende que a política criminal, que rege a dogmática jurídico-criminal, deve sentar no seio da discussão científica penalista "«o rosto da humanidade", ou seja, «o rosto» do ser humano. Cfr. ANABELA MIRANDA RODRIGUES. Criminalidade Organizada – Que Política Criminal?. In: *Themis – Revista da Faculdade de Direito da UNL* (Themis), Lisboa/Coimbra: Almedina, Ano IV – N.º 6 – 2003, p. 46. Acompanhamos as teses de FIGUEIREDO DIAS e de ANABELA MIRANDA RODRIGUES no sentido de que o Direito penal atual não pode abandonar o paradigma da humanidade, afirmado e encrostado na conceção de pessoa dotada de

O DIREITO PENAL DO CIDADÃO (?)

não se integrar no estado de *legalidade* – não por ser animal –, mas por ser própria da natureza humana a divergência de pensares e de vidas e a prática de delitos. A lei penal passa a obedecer aos princípios da *legalidade* para todos os cidadãos e segundo a mesma lógica igualitária: quer para os integrados, quer para os não integrados. Esta *igualdade* exercida em liberdade conduz a um Direito penal garantista e humanista que abomina a tortura como meio de obtenção de prova e as penas cruéis como consequência jurídica do crime. A negação de um Direito penal opressivo está expresso na seguinte passagem dos *Delitti*:

> "Uma crueldade consagrada pelo uso na maior parte das nações é a tortura do réu enquanto se forma o processo, ou para obrigá-lo a confessar um delito, ou pelas contradições em que incorre, ou para descoberta dos cúmplices, ou para não sei que metafísica e incompreensível purgação da infâmia, ou finalmente por causa de outros delitos de que podia ser culpado, mas de que não é acusado.
>
> (...)
>
> O interrogatório de um réu é feito para conhecer a verdade, mas se é difícil descobrir esta verdade pelo ar, pelo gesto, pela fisionomia de um homem tranquilo, muito menos se descobrirá num homem no qual as convulsões de dor alteram todos os sinais através dos quais na maior parte dos homens transparece por vexes, mau grado seu, a verdade. Cada acção violenta confunde e faz desaparecer as diferenças subtis dos objectos pelas quais se distingue por vezes o verdadeiro do falso"[113].
>
> "Um dos maiores freios dos delitos não é a crueldade das penas, mas a sua infalibilidade, (...). A certeza de um castigo, se bem que moderado, causará sempre maior impressão do que o temor de um outro mais terrível, unido com a esperança da impunidade; (...). A própria atrocidade da pena faz com que se anseie tanto mais

---

dignidade em igualdade. Quanto a este assunto, Manuel Monteiro Guedes Valente. La Política criminal y La Criminología en Nuestros Días. Una Visión Desde Portugal. In: *Derecho Penal y Criminología como Fundamento de la Política Criminal. Estudios en Homenaje al Profesor Alfonso Serrano Gómez*. Dir. Francisco Bueno Arús, Helmut Kury, Luis Rodríguez Ramos e Eugenio Raúl Zaffaroni, Editores José Luis Guzman Dálbora e Alfonso Serrano Maíllo. Madrid: Dykinson, 2006, pp. 1309-1318.

[113] Cfr. Cesare Beccaria. *Dos Delitos....* pp. 92 e 96-97.

por evitá-la, quanto maior é o mal ao encontro do qual se vai; faz com que se cometam mais delitos, para se fugir da pena de um só. Os países e os tempos dos mais atrozes suplícios foram os das mais sangrentas e desumanas acções, pois que o espírito de ferocidade que guiava a mão do legislador era o mesmo que regia a mão do parricida e a do sicário"[114].

3. O Direito penal garantista e humanista parte da ideia de liberdade – "não existe liberdade todas as vezes que as leis permitem que em alguns casos o homem deixe de ser *pessoa* e *se* torne *coisa*" – e de que deve intervir como *ultima et extrema ratio* na tutela ou na proteção de interesses vitais da sociedade – bens jurídicos relevantes para a vivência comunitária, preservando, desta feita, a ordem e a tranquilidade públicas. Sabemos, na linha de FARIA COSTA, que "sem Direito penal não se pode lutar contra o crime – onto-antropologicamente ele afirma-se irremediavelmente ligado à natureza humana – mas, paradoxalmente, não é ele a arma mais eficaz"[115]. Impõe-se um Direito penal subsidiário e fragmentário, que atue depois de outros institutos jurídicos serem experimentados na prevenção do delito e atuar só na tutela dos bens jurídicos mais essenciais à convivência humana.

Este pensar obriga a vigência de um Direito penal que atua não porque a pessoa representa um perigo para a segurança cognitiva comunitária, mas porque aquela pessoa provocou um dano na sociedade com a sua conduta – emergente de uma lesão ou da colocação em perigo de lesão de um bem jurídico tutelado jurídico-criminalmente –, ou seja, infligiu um mal e do qual deve ser responsabilizado como cidadão e não como uma *coisa* ou um *animal*.

Esta visão do Direito penal implica que se aprovem leis criminais claras, simples, concisas e percetíveis a todos os cidadãos e que as previsões legais estejam submetidas ao princípio da proibição do excesso, ou seja, que não só a lei criminal esteja em razão de proporcionalidade face ao dano em abstrato provocado, como a interpretação e aplicação da lei penal obedeça ao juízo de proporcionalidade entre o dano em concreto provocado e a previsão legal, assim como com o fim pretendido com a punição[116]: *retri-*

---

[114] Cfr. CESARE BECCARIA. *Dos Delitos....* pp. 115-116.
[115] Cfr. JOSÉ DE FARIA COSTA. Ler Beccaria Hoje. In: CESARE BECCARIA. *Dos Delitos....* p. 24.
[116] Quanto a análise dos fins da prevenção geral e especial, KLAUS GÜNTHER. *Teoria da Responsabilidade....* p. 57.

buição jurídica e material, _prevenção geral positiva_ – reintegração do bem jurídico ou a reafirmação da força jurídica da norma jurídica afetada com o comportamento negativo humano –, _prevenção geral negativa_ – afirmação positiva da ameaça com a certeza de aplicação de uma pena –, _prevenção especial positiva_ – ressocialização ou reintegração do cidadão na sociedade – e _prevenção especial negativa_ – influir no delinquente de modo que saiba que, em caso de reincidência, ser-lhe-á aplicada novamente uma sanção penal.

O Direito penal garantista e humanista impõe ao Estado (ao soberano) a existência de garantias processuais penais como a obtenção de provas com respeito pela liberdade plena do cidadão [liberdade de pensamento, de decisão e de ação], com respeito pela ordem jurídica legitimada por cada pessoa da coletividade.

O Direito penal garantista e humanista impõe, também, ao Estado que não aplique a justiça como o ser humano aplicaria por meio da vingança, que garanta, ao cidadão, a defesa do que é acusado ou indiciado e que seja, em efetivo, reconhecido ao cidadão o direito de presunção de inocência até trânsito em julgado[117].

§ 2.º O Direito penal do cidadão: o pleonasmo

4. O Direito penal garantista e humanista ganha força com a conquista do jusnaturalismo e do garantismo no pós II Grande Guerra, com os julgamentos de Nuremberga e de Tóquio, com a aprovação da Declaração Universal dos Direitos Humanos, a 10 de Dezembro de 1948[118], em Paris, e, anos mais tarde, com a aprovação da Convenção Europeia dos Direitos Humanos. A afirmação da dignidade humana da pessoa como fundamento da sua existência impende sobre os Estados Parte, como Brasil e Portugal, a obrigação de consagrarem a dignidade da pessoa humana como fundamento e limite de toda ação penal do Estado.

A afirmação da dignidade da pessoa humana como baluarte da justiça dos povos e da relação entre os povos e de todos os cidadãos independentemente dos credos, das raças, das ideologias, da cor, é contrária à lógica de um Direito penal do inimigo. A submissão dos horrores nazis a um Tribu-

---

[117] A presunção de inocência foi aclamada não só na Declaração Universal dos Direitos do Cidadão de 1879, como teve expressão constitucional na Constituição Francesa de 1893.
[118] Cfr. preâmbulo da DUDH em que a dignidade da pessoa humana é a razão e o limite de qualquer intervenção do Direito, em especial do Direito penal.

nal – apesar de ter sido constituído *ad hoc* e por vencedores – e de os submetidos a julgamento terem sido julgados como cidadãos que cometeram crimes contra a humanidade, e não como inimigos é um marco histórico de inocuização total do Direito penal de autor e da afirmação do Direito penal do facto subjacente a um Direito penal do cidadão.

A II Grande Guerra demonstrou a monstruosidade da mente humana[119], das teorias positivistas fundamentalistas do direito e da afirmação do estado de *legalidade*[120], baseado em um Direito penal do autor[121] – com a despersonalização do ser humano e com a sua objetivação – como se identifica a atual construção do Direito penal do inimigo. A reação societária não podia ser outra que não fosse privilegiar as liberdades em detrimento de uma tutela exacerbada e absolutista dos bens jurídicos, transformando o Direito penal em meio /instrumento de segurança.

5. As Constituições dos vários Estados democráticos e de direito consagram a inserção da DUDH como direito constitucional aplicado internamente e afirmam um Direito constitucional penal dirigido à limitação dos possíveis abusos dos detentores do *ius puniendi*: o princípio da legalidade constitucional penal, o princípio da previsão constitucional das restrições às liberdades pessoais, o princípio da consagração constitucional das garantias processuais penais dos cidadãos e o princípio da humanidade das consequências jurídicas dos crimes (penas)[122].

---

[119] Quanto ao Direito penal de guerra do regime nazi, centrado na ideia de afastar e eliminar o perigo do delinquente nocivo para o povo e o delinquente habitual, ROXIN, CLAUS. *Derecho Penal...* – Tomo I, pp. 181-184.

[120] Neste mesmo sentido, EUGENIO RAÚL ZAFFARONI. *Em Busca das Penas Perdidas*. Tradução de VÂNIA ROMANO PEDROSA e de AMIR LOPES DA CONCEIÇÃO. Rio de Janeiro: Editora Revan, 1989, p. 188.

[121] Não se pode esquecer de que a teoria schmittiana de conceção de ser perigoso e de ser detentor de uma personalidade perigosa se deve ao facto de se querer, como ato preventivo, limitar a liberdade desse agente para que não delinqua ou possa delinquir sem qualquer certeza objetiva de que vai praticar um facto que a lei qualifica como crime, não se adequa à tese da prevenção especial de FRANZ VON LISZT, cuja conceção da personalidade é ou deve ser tida em conta na aplicação da sanção criminal para melhor se produzir ou alcançar uma das finalidades da pena (e do Direito penal): *ne peccetur*. Quanto à tese de que os defensores do Direito penal de autor se apropriaram da teoria da prevenção especial, incidente sobre a personalidade do autor do facto, desenvolvida por FRANZ VON LISZT, CLAUS ROXIN. *Derecho Penal...* – Tomo I, pp. 177-179.

[122] Cfr. artigos 1.º, 18.º, 28.º, 29.º, 32.º a 34.º da CRP e artigos 1.º e 5.º da CRFB.

O DIREITO PENAL DO CIDADÃO (?)

Inverte-se a proteção da segurança cognitiva. A segurança cognitiva da comunidade prevalecia sobre o indivíduo (ser humano) que era a ameaça e o perigo potencial para a comunidade; no pós-guerra, o perigo e a ameaça não está no ser humano, mas no detentor do poder e, por essa razão, apesar de necessário para manutenção da tranquilidade pública essencial à vivência e convivência humana, não se afasta ou exclui, mas legitima-se a sua ação sob a restrição constitucional da intervenção sobre os que infringem as normas vigentes. O baluarte da dignidade da pessoa humana impõe aos Estados que tratem os seus membros – todos sem exceção – como cidadãos depositários de direitos, liberdades e garantias penais materiais e processuais.

O Direito penal do cidadão, aquele que infringindo as normas jurídico-criminais não ameaça a segurança [cognitiva] da comunidade, nem gera um sentimento de *perigosidade*, onera os Estados a criarem um Direito penal garantista e humanista[123] e a promoverem um Direito processual penal de acordo com os princípios do garantismo: dotado de garantias que possam permitir uma defesa condigna, uma auto responsabilização do facto criminoso e a futura reintegração do agente na sociedade.

Adite-se que a existência de garantias processuais penais não significa impunidade e muito menos pode significar garantia de que pode ou está legitimado a delinquir. Garantismo significa a existência de normas processuais penais que possibilitem ao inocente provar a sua inocência ou a justificação ou exculpação do seu comportamento, e, sendo responsável pelo facto, que possa defender-se das acusações dentro de um devido processo legal[124]. O Direito penal do cidadão exige que se olhe o Direito processual penal como o Direito por excelência dos inocentes.

---

[123] Para uma melhor compreensão do Direito penal humanista segundo uma política criminal do Ser Humano, MANUEL MONTEIRO GUEDES VALENTE. *Do Ministério Público e da Polícia. Prevenção Criminal e Acção Penal como Execução de uma Política Criminal do Ser Humano*. Lisboa: UCE, 2013, Parte I e Capítulo II da Parte II. Para uma melhor compreensão da segurança cognitiva e da influência nas alterações legislativas, deste mesmo autor, *Security: a supranational legal asset*. In: JANUS.NET *e-journal of International Relations*, Vol. 3, n. º 2 (fall 2012), pp. Retrieved [online] on, observare.ual.pt/janus.net/en_vol3_n2_art4; e para um novo conceito de segurança adequada a uma nova realidade social, cultural, económica e política democrática, *Segurança. Um Tópico Jurídica em Reconstrução*. Lisboa: Âncora Editora, 2013, pp. 115-135.
[124] Aconselha-se a releitura da obra de LUIGI FERRAJOLI para que não haja uma interpretação errada do seu pensamento, em especial *Derecho y Razon. Teoría del Garantismo Penal*. Tradução do italiano *Diritto e Ragione. Teoria del garantismo penale* de PERFECTO ANDRÉS IBÁÑEZ ET ALLII.

6. O Direito penal do cidadão implica que o Estado detenha normas jurídico-criminais que emergem dos princípios regentes da intervenção do Direito penal – subsidiariedade, necessidade, indispensabilidade, fragmentariedade, proporcionalidade *lato sensu*, eficácia e *ultima et extrema ratio* – e que limitem a ação investigatória violadora dos direitos, liberdades e garantias fundamentais e de modo que sancionem, formal e materialmente, os comportamentos desumanos dos operadores judiciários e processualmente as diligências probatórias [nulidade e proibição de prova].

No cenário do Direito penal do cidadão, todo e qualquer delinquente é ou deve ser responsabilizado pelo crime que cometeu[125] – Direito penal do facto[126] – e deve, independentemente do tipo de crime, estar sujeito aos princípios, aos valores, às regras e às normas jurídicas de um Estado de direito democrático assente na dignidade da pessoa humana. Não se descortina o indivíduo, a pessoa, o cidadão ou a sua qualidade de ser humano (que passa pelo pensar ideológico, religioso, político, cognitivo de opção sexual), mas o facto modelar negativo – típico –, antijurídico, censurável (e punível) cometido em um dado espaço, tempo e em determinadas circunstâncias.

Poder-se-á dizer que todos os agentes de crime são seres humanos e cidadãos para o Direito penal e, por isso, é um pleonasmo designarmos o Direito penal de Direito penal do cidadão a não ser que seja para relembrar que todos são cidadãos e seres humanos e que o Direito penal se aplica a todos os cidadãos e seres humanos.

5.ª Edição. Madrid: Trotta, 2005; e *Democracia y Garantismo*. Tradução de VVAA. Madrid: Editorial Trotta, 2008.

[125] E não por ser muçulmano, argelino, sírio, iraquiano, afegão.

[126] É neste sentido que se deve entender a proposta de Alxandre Wunderlich para a criação de um tipo legal de crime político como forma de evitar a ampliação e a discricionariedade do hermeneuta e exegeta ou "juristas de plantão". Cfr. Alexandre Wunderlich. *Entre a segurança nacional e os direitos fundamentais: reformulação conceitual do crime político e a defesa das instituições democráticas*. Tese de doutoramento em Direito – Pontifícia Universidade Católica do Rio Grande do Sul - Brasil, maio de 2016.

§ 3.º Crise do sistema penal do cidadão (?)

7. As novas ameaças e os novos perigos – emergentes da *sociedade de risco* de ULRICH BECK[127] – surgem e com eles arrastam o medo, a insegurança cognitiva, a desconfiança na capacidade do Direito penal do cidadão fazer frente à criminalidade de elevada danosidade e lesividade social: criminalidade organizada, terrorismo, tráfico de armas, tráfico de seres e órgãos humanos, tráfico de drogas, crimes contra a autodeterminação sexual (em especial de crianças). Acresce a este catálogo as novas inseguranças face à biogenética, à bioquímica, à indústria farmacêutica, à indústria destruidora do meio ambiente (bem essencial), para que os receios e os perigos cogitem novas e aprofundadas desconfianças e inseguranças e estados de periculosidade da comunidade.

Os estudos criminológicos veem demonstrando que a criminalidade 'organizada' transnacional (nacional e regional), a criminalidade altamente especializada – como a económico-financeira, bancária e cibernética – geram uma maior lesividade social do que a criminalidade tradicional, designada, hoje, de criminalidade de massa[128]. A criminalidade organizada transnacional é promovida por organizações criminosas transnacionais e, até mesmo por Estados – veja-se a atual designação de *narcoestados* apadrinhada pela Organização das Nações Unidas –, e é desenvolvida com uma preciosidade jurídica, técnica e tática que dificulta a ação penal [que inclui o processo-crime e a investigação criminal] e a consequente responsabilização penal. Esta constatação provoca descrédito do Direito penal comum que se vê, aparentemente, descapitalizado para prevenir e lutar contra um crime de escala mundial[129].

Muitas destas organizações dominam o tecido económico e financeiro de Estados, confundindo-se não poucas vezes com o poder político instituído. Esta realidade destrói a crença de que o Direito penal comum está adequado a fazer frente a estes fenómenos, exigindo-se para esses atores criminais – muito em especial os atores ligados ao fenómeno do terro-

---

[127] Cfr. ULRICH BECK. *La Sociedad de Riesgo Global*. Tradução do inglês *World Risk Society* de Jesús Alborés Rey. 2.ª Edição. Madrid: Siglo XXI de España Editores, 2009.

[128] Quanto a este assunto, WINFRIED HASSEMER. *A Segurança Pública no Estado de Direito*. Tradução do alemão *Innere Sicherheit im Rechtsstaat* de CARLOS EDUARDO VASCONCELOS. Lisboa: AAFDL, 1995, pp. 91-97.

[129] Quanto a este assunto, LUIS GRACIA MARTÍN. *O Horizonte do Finalismo....* pp. 127-129.

rismo – um Direito penal especial diferenciado dos demais Direitos penais especiais – económico, da droga, do ambiente, da droga –, designado de «Direito penal do inimigo» como foi desenhado por JAKOBS.

8. Consideramos, na linha de W. HASSEMER[130], que esta desenfreada busca de um novo paradigma penal ou de novos meios de obtenção de prova para tutelar bens jurídicos difusos – ordem, segurança, tranquilidade, saúde públicas, segurança da integridade do Estado – não pode basear-se em uma lógica de falácia do sistema penal em vigor.

A mudança de paradigma penal carece de se descobrir onde reside o calcanhar de AQUILES: se na lei penal (material e processual); se na hermenêutica; se na preparação e formação das polícias, do Ministério Público e dos magistrados judiciais; se na anomia societária face à onde criminógena; se na ausência de presença do Estado; se na ausência de intervenção do Estado nos problemas económico-sociais. Na linha de LUIGI FERRAJOLI[131], o garantismo não pode ceder ao primeiro abalo e ao primeiro gemido populacional e os princípios norteadores de um Estado de direito democrático não podem ser subvertidos **sob pena de legitimarmos, por lei, a implementação de um Estado de direito autoritário** e, quem sabe, **totalitário fundado em um Estado polícia.**

Face a esta realidade de ameaças e de impunidade daqueles criminosos, que políticas criminais e que Direito penal queremos nós «cidadãos do mundo»? Teremos de reinventar o Direito penal ou aprofundar e desenvolver o Direito penal para a afirmação de um Direito penal de liberdade e da humanidade: Direito penal do ser humano?

> **Fontes:** BECCARIA, CESARE. *Dos Delitos e das Penas.* Tradução do italiano *Dei Delitti e delle Pene* de JOSÉ DE FARIA COSTA. 3.ª Edição, Lisboa: Fundação Calouste Gulbenkian, 1998. Cfr. ULRICH BECK. *La Sociedad de Riesgo Global.* Tradução do inglês *World Risk Society* de Jesús Alborés Rey. 2.ª Edição. Madrid: Siglo XXI de España Editores, 2009. COSTA, JOSÉ DE FARIA. Ler Beccaria Hoje. In: CESARE BECCARIA. *Dos Delitos e das Penas.* Tradução do italiano *Dei Delitti e delle Pene* de JOSÉ DE FARIA COSTA. 3.ª Edição, Lisboa: Fundação Calouste Gulbenkian, 1998. DIAS, JORGE DE FIGUEIREDO. *Direito*

---

[130] Cfr. WINFRIED HASSEMER. *A Segurança Pública....* pp. 91-119.
[131] Cfr. LUIGI FERRAJOLI. *Democracia y Garantismo.* Tradução de VVAA. Madrid: Editorial Trotta, 2008, (em especial, pp. 234-250).

Penal. Parte Geral. Tomo I: As Questões Fundamentais. A Doutrina Geral do Crime. 2.ª Edição. Coimbra: Coimbra Editora, 2007. FERRAJOLI, Luigi. *Democracia y Garantismo.* Tradução de VVAA. Madrid: Editorial Trotta, 2008; *Derecho y Razon. Una teoría del garantismo penal.* Tradução do italiano *Diritto e Ragione. Teoria del Garantismo Penale* de Perfecto Andrés Ibañez *et Alii.* 7.ª Edição. Madrid: Editorial Trotta, 2005. GRACIA MARTÍN, Luis. *O Horizonte do Finalismo e o Direito Penal do Inimigo.* Tradução do espanhol de Luis Regis Prado e de Érika Mandes de Carvalho. São Paulo: Editora Revista dos Tribunais Ltda., 2007. GÜNTHER, Klaus. Crítica da Pena I. In: *Teoria da Responsabilidade no Estado Democrático de Direito – Textos de Klaus Günther.* Organização e tradução do alemão de Flavia Portella Püschel e Marta Rodriguez de Assis Machado. São Paulo: Editora Saraiva, 2008. HASSEMER, Winfried. *A Segurança Pública no Estado de Direito.* Tradução do alemão *Innere Sicherheit im Rechtsstaat* de Carlos Eduardo Vasconcelos. Lisboa: AAFDL, 1995. JAKOBS, Günther e CANCIO MELIA, Manuel. *Derecho Penal del Ciudadano y Derecho Penal del Enemigo.* Tradução do alemão *Bürgerstrafrecht und Feindstrafrecht* de Manuel Cancio Meliá. Madrid: Cuadernos Civitas, 2003; *Dogmática de Derecho penal y configuración normativa de la sociedad.* Tradução do alemão *Die Idee der Normativierung in der Strafrechtsdogmatik* de Manuel Cancio Meliá. Madrid: Thomson-Civitas, 2004; *Sobre la Normativización de la Dogmática Jurídico-penal.* Tradução do alemão de Manuel Cancio Meliá e Bernardo Feijoó Sánchez. Madrid: Thomson-Civitas, 2003. RODRIGUES, Anabela Miranda. Criminalidade Organizada – Que Política Criminal?. In: *Themis – Revista da Faculdade de Direito da UNL* (Themis), Lisboa/Coimbra: Almedina, Ano IV – N.º 6 – 2003. ROXIN, Claus. *Derecho Penal. Parte General. Tomo I. Fundamentos, La Estructura de la Teoría del Delito.* Tradução do alemão *Strafrecht. Allgemeiner Teil, Band I: Grundlagen. Der Aufbau der Verbrechenslehre* (2.ª Edição) de Diego-Manuel Luzón Peña, Miguel Díaz y García Conlledo e Javier de Vicente Remesal. Madrid: Civitas, 1999. SCHEERER, Sebastian, BÖHM, Maria Laura e VÍQUEZ, Karolina. Seis Preguntas y Cinco Respuestas sobre el Derecho penal del Enemigo. In: *Derecho Penal del Enemigo – Vol. 2.* Coordenação de Manuel Cancio Meliá e Carlos Gómez-Jara Díez. Tradução do alemão de Carlos Gómez-Jara Díez, Madrid: Edisofer S.L. e Buenos Aires/Montevideo: B de F Ltda., 2006. VALENTE, Manuel Monteiro Guedes. *Do Ministério Público e da Polícia. Prevenção Criminal e Acção Penal como Execução de uma Política Criminal do Ser Humano.* Lisboa: UCE, 2013; La Política criminal y La Criminología en Nuestros Días. Una Visión Desde Portugal. In: *Derecho Penal y Criminología como Fundamento de la Política Criminal. Estudios en Homenaje al Profesor Alfonso Serrano Gómez.*

Dir. Francisco Bueno Arús, Helmut Kury, Luis Rodríguez Ramos e Eugenio Raúl Zaffaroni, Editores José Luis Guzman Dálbora e Alfonso Serrano Maíllo. Madrid: Dykinson, 2006 ; *Security: a supranational legal asset*. In: *JANUS.NET e-journal of International Relations*, Vol. 3, n. º 2 (fall 2012), pp. Retrieved [online] on, observare.ual.pt/janus.net/en_vol3_n2_art4; *Segurança. Um Tópico Jurídica em Reconstrução*. Lisboa: Âncora Editora, 2013. WUNDERLICH, Alexandre. *Entre a segurança nacional e os direitos fundamentais: reformulação conceitual do crime político e a defesa das instituições democráticas*. Tese de doutoramento em Direito – Pontifícia Universidade Católica do Rio Grande do Sul - Brasil, maio de 2016. BECK, Ulrich. *La Sociedad de Riesgo Global*. Tradução do inglês *World Risk Society* de Jesús Alborés Rey. 2.ª Edição. Madrid: Siglo XXI de España Editores, 2009. ZAFFARONI, Eugenio Raúl. *Em Busca das Penas Perdidas. A perda de legitimidade do sistema penal*. Tradução do espanhol *En Busca de las Penas Perdidas* de Vânia Romano Pedrosa e Amir Lopes da Conceição. 5.ª Edição. Rio de Janeiro: Editora Revan, 2001.

Capítulo 4
As tendências do direito penal
da pós-industrialidade

§1.º Movimento humanista

1. O globo terrestre e a mente dos povos, como vimos, mudou. A globalização ou glocalização abriu-nos as portas para novas ameaças e novos riscos provenientes da industrialização química, farmacêutica, genética, bélica e dos demais artefactos essenciais ou não à sobrevivência humana.

Os atentados terroristas do 11 de Setembro de 2001, do 11 de Março de 2004, do 7 de Julho de 2005, de Paris de 2015, as execuções levadas a cabo pelos jihadistas do Estado Islâmico quase em direto, produzem o efeito desejado pelos autores morais destes factos hediondos: gerar a incerteza da segurança em qualquer lugar e em qualquer minuto e promover a paneonomia emergente da teoria do perigo terrorista. A ameaça permanente e o perigo contínuo pairam no ar de todos os Estados do mundo, mesmo nos Estados muçulmanos.

Afirmamos, desde já, que não vamos tratar de saber, neste estudo, se o terrorismo é ou não crime ou se é uma forma de guerra[132]. Não obstante considerarmos que os ataques às Torres Gémeas de Nova Iorque foram

---

[132] Quanto a este assunto MANUEL MONTEIRO GUEDES VALENTE. Cooperação Judiciária em Matéria Penal no Âmbito do Terrorismo. In: *A União Europeia e o Terrorismo Transnacional*. Coordenação de ANA PAULA BRANDÃO. Coimbra: Almedina, 2010, pp. 65-96.

uma declaração de guerra ao mundo por parte de BIN LADEN, líder da ALQAED, devendo todo o processo sequente ser tratado no âmbito da Carta das Nações Unidas e das Convenções de Genebra (em especial a Convenção Comum de Genebra), que determina o tratamento humanitário dos prisioneiros de guerra, não iremos abordar a questão de se saber se os crimes cometidos foram crimes de *homicídio qualificado* com autoria material e moral em concurso real com os crimes de *atentado* e de *associação criminosa*, previstos nos códigos penais de todos os Estados de direito e democráticos, uma vez que há legislação penal que não prevê o crime de terrorismo nos moldes e condições – segunda a mesma estrutura ôntica e axiológica constitucional – definidos pelas Nações Unidas[133]/[134].

Esta realidade de insegurança permanente e de perigo de crimes de terrorismo não pode ser vista como fundamento para mudança de paradigma penal. Não se pode confundir aumento de cientificidade da investigação criminal para uma ação penal mais eficaz e estabelecedora da paz jurídica, com o corte radical com os valores consagrados e proclamados na DUDH em Paris, a 10 de Dezembro de 1948.

A mudança de paradigma penal [*material* (aumento da moldura abstrata das penas, ampliação do âmbito da punibilidade dos atos preparatórios e dos atos de execução, aumento dos tipos legais de perigo abstrato) e *processual* (diminuição das garantias processuais penais, aumento das competências das polícias criminais sem prévio controlo e autorização das autoridades judiciárias)[135]], que converte o cidadão em inimigo ou em «coisa» pelo processo da despersonalização e que retrocede à vivificação

---

[133] Não podemos olvidar que o terrorismo não era, em muitas legislações e até há menos de um quarto de século, crime, mas uma forma estratégico-tática política de guerra desenvolvida para a autodeterminação dos povos subjugados ao imperialismo europeu ou como manifestação revolucionária legítima de aniquilação de regimes políticos em defesa de novos/diferenciados regimes políticos. Só, após o atentado das Torres Gémeas de 1993, os USA se determinaram a forçar as legislações penais a consagrarem o terrorismo e toda atividade a montante, antecedente, subjacente e jusante como crime e punível com penas de prisão elevadas.

[134] Quanto à evolução da consciencialização jurídico-criminal do terrorismo, MANUEL MONTEIRO GUEDES VALENTE. Cooperação Judiciária em Matéria Penal no Âmbito do Terrorismo. In: *A União Europeia e o Terrorismo* .... pp. 65-96.

[135] Neste mesmo sentido e em uma análise da teoria de Jakobs, SEBASTIAN SCHEERER, MARIA BÖHM e KAROLINA VÍQUEZ. Seis Preguntas y Cinco Respuestas sobre el Derecho penal del Enemigo. In: *Derecho Penal del Enemigo – Vol. 2*. Coordenação de MANUEL CANCIO MELIÁ e CARLOS GÓMEZ-JARA DÍEZ. Tradução do alemão de CARLOS GÓMEZ-JARA DÍEZ, Madrid: Edisofer S.L. e Buenos Aires/Montevideo: B de F Ltda., 2006, p. 919.

AS TENDÊNCIAS DO DIREITO PENAL DA PÓS-INDUSTRIALIDADE

do Direito penal de autor[136], negando a condição de pessoa ao cidadão e atribuir-lhe a condição de inimigo – *não-pessoa*[137] –, que deve ser aniquilado, destrói a teleologia da proclamação da DUDH.

Sem esquecerem que é difícil resistir e não aderir ao movimento de restrição total de direitos, liberdades e garantias ao cidadão considerado inimigo para a sociedade, muitas vozes se levantam contra uma construção tão monstruosa como os atos desses cidadãos. Negar a condição de pessoa a um traficante de droga, a um terrorista, a um traficante de seres humanos, a um traficante de armas, é negar não só o Direito penal garantista e humanista ou do cidadão, como também o Direito como assunção do *dever ser* na realização do *ser*.

2. Sabemos que a prossecução da missão segurança e paz jurídica social a levar a cabo pelos Estados impõem a cada cidadão individual e como membro de uma comunidade – quer estadual quer global – a restrição de direitos, liberdades e garantias. Estas restrições se arreigam mais fortemente sobre os que praticam crimes horríveis, como os crimes de atentados terroristas, cuja **punição "não pode ser uma acto de vingança"**[138], mas antes "um acto de **justiça**, praticado de acordo com as regras e procedimentos do **direito**"[139].

As tarefas fundamentais *segurança, justiça* e *bem-estar* do Estado isolado e compreendido no seio de uma comunidade internacional não podem fundamentar o recurso ou a previsão de uma restrição total e absoluta dos direitos fundamentais do Homem: niilificando e coisificando o ser humano. Não se pode converter o ser humano em *coisa* ou em *não-pessoa*. As Constituições de Portugal e do Brasil limitam não só o ensejo legislativo como os seus princípios e comandos humanistas se materializam no direito penal e no direito processual penal[140].

---

[136] Cfr. LUIGI FERRAJOLI. *Democracia....* p. 237 e CANCIO MELIA *apud* LUIS GRACIA MARTÍN. *O Horizonte do Finalismo....* p. 132. Quanto ao Direito penal de autor e algumas reminiscências nos códigos penais actuais, CLAUS ROXIN. *Derecho Penal ...* - Tomo I, pp. 176-189 (pp. 184-189).

[137] Expressão de LUIS GRACIA MARTÍN. *O Horizonte do Finalismo....* p. 132.

[138] Cfr. DIOGO FREITAS DO AMARAL. *Do 11 de Setembro à Crise do Iraque.* 5.ª Edição, Bertrand Editora, Lisboa, 2003, p. 21. Negrito nosso.

[139] Cfr. DIOGO FREITAS DO AMARAL. *Do 11 de Setembro....* p. 21. Negrito nosso.

[140] Cfr. artigos 1.º, 2.º, 9.º, 18.º, 29.º e 32.º da CRP e artigos 1.º e 5.º da CRFB.

Os princípios, os axiomas, as regras e as normas jurídicas permitem-nos diferenciar da irracionalidade da besta e devem-nos fazer sentir como herdeiros e precursores da era em que "mais do que a **força** é preciso (...) usar da **inteligência** e nunca abdicar dos **princípios** que distinguem os democratas dos terroristas"[141]. Sufragando a posição de DIOGO FREITAS DO AMARAL, "o problema essencial que o terrorismo internacional de grande envergadura põe ao Direito é o de encontrar um **novo equilíbrio** entre as **necessidades da segurança nacional** e as do **respeito pelos direitos fundamentais**"[142], pois **nem a segurança pode ser subestimada, nem os direitos fundamentais sacrificados sem qualquer limite**.

A manutenção e a concreção da consagração das restrições de direitos permitem criar e prorrogar o equilíbrio desejado e evitar o enveredamento por um Direito penal da *não-pessoa* ou dos *inimigos*. O equilíbrio assenta na ideia de fortalecimento de um Direito penal do cidadão como ficou demonstrado com o julgamento dos autores dos atentados do 11 de Março de 2004, aos quais foi aplicado o Código Penal e o Código de Processo Penal espanhol em vigor, atribuindo todas as garantias de defesa aos imputados e aplicadas as penas de acordo com os princípios enquadrantes do Direito penal do cidadão.

3. A tendência e afirmação humanista na legiferação penal e processual penal têm, nos Estados de direito e democrático, com exceção dos Estados Unidos da América e do Reino Unido, prevalecido em detrimento das tendências securitárias e justicialistas e, muito mais, em detrimento da construção dogmática de um Direito penal do inimigo de GÜNTHER JAKOBS[143], podendo este ser o Direito penal de terceira velocidade de SILVA SÁNCHES[144].

---

[141]   Cfr. DIOGO FREITAS DO AMARAL. *Do 11 de Setembro....* p. 23.Negrito nosso.

[142]   Cfr. DIOGO FREITAS DO AMARAL. *Do 11 de Setembro....* p. 53. Negrito nosso. Neste sentido AHARON BARAK escreveu que «não podemos manter um verdadeiro equilíbrio quando os direitos humanos recebem toda a protecção como se não houvesse terrorismo, [nem] quando a segurança nacional recebe toda a protecção como se não existissem direitos humanos». Mas as restrições têm limites, desde logo, os direitos humanos e a dignidade da pessoa humana.

[143]   Cfr. GÜNTHER JAKOBS. *Derecho Penal del Ciudadano....* Madrid: Civitas, 2003.

[144] JOSÉ M. SILVA SANCHES. *La Expansión del Derecho Penal. Aspectos de la Politica Criminal en las Sociedades Posindustriales,* 2.ª Reimpressão da 2.ª Edição, Montivideo/Buenos Aires: Editorial de B de *f*, 2008.

AS TENDÊNCIAS DO DIREITO PENAL DA PÓS-INDUSTRIALIDADE

Impõe-se uma razoável e profunda consciência histórica para que os bons intentos não se convertam em elevados tormentos. A assunção de que a restrição ilimitado de direitos como meio de afirmação da liberdade não passa de uma estratégia de agregação dos elementos magnéticos da segurança e da edificação de um espaço penal securitário. A mensagem de que a segurança é o valor imperial para aquisição da plena liberdade não se compagina com o pensar dogmático de Direito penal do ser humano ou da liberdade. Essa mensagem é a negação do Direito penal que defendemos: o Direito penal do ser humano.

§ 2.º Tendência Securitária: o Movimento Lei e Ordem, a Tolerância Zero e o Estado Polícia

4. Outra tendência, propalada por alguns autores mais securativistas dos interesses vitais individuais e coletivos, arreiga-se à tendência securitária ou da tolerância zero ou da instalação de um Estado polícia renascido pela paneonomia do terrorismo.

A tendência securitária[145] preconiza uma tutela dos bens jurídicos com um aumento dos poderes materiais da polícia a partir de uma legislação fortemente securitária, principalmente no plano *não penal* [administrativo sancionatório] ou no plano do *processo penal* [aumento dos atos de competência própria ou, não sendo própria, por razões de salvaguarda de prova penal e do *periculum in mora* justificam a intervenção das polícias sem autorização judicial para casos em que a Constituição e a regra geral e primária do CPP exigem essa autorização][146].

Outro âmbito em que se sente este reforço dos poderes de polícia e de uma *securativização do sistema de segurança pública* prende-se com a diminuição da intervenção direta ou imediata da autoridade judicial na atividade de polícia com o fundamento de que os estados de perigosidade vigentes na comunidade exigem uma resposta policial – no quadro da segurança interna – que só deve ser apreciada e validade *a posteriori* pela autoridade judicial.

---

[145] Quanto à teoria do *securitarismo* na legiferação penal e na interpretação e aplicação das normas penais materiais e processuais e da delação do princípio da tolerância, Luís Nunes Almeida. Tolerância, Constituição e Direito Penal. In: *Revista Portuguesa de Ciências Criminais*. Coimbra. Coimbra Editora, 2003, Ano 13, n.º 2, pp. 171-175.

[146] Neste sentido Winfried Hassemer. *A Segurança Pública....* pp. 91-119.

Acresce a este reforço da polícia no quadro processual penal, a criminalização de pequenas e insignificantes infrações, cuja ação imediata recai sobre a polícia. Como exemplo desta tendência securitária podemos indicar a criminalização da atividade de segurança privada sem a verificação dos pressupostos legais, que ocorreu em Portugal, ou a criminalização da condução de veículo motorizado com velocidade superior a 150Km/H, que ocorreu em Espanha.

Esta tese tem semelhanças com a teoria da *perigosidade* da América Latina desenvolvida por Raúl Zaffaroni e Henrique Pierangeli para o Direito penal retributivo e da institucionalização das penas privativas da liberdade como solução para evitar o perigo de continuidade delitiva[147]. Podemos enumerar três subespécies da tendência securitária: o Movimento Lei e Ordem, a Tolerância Zero e o Estado polícia.

5. O Movimento Lei e Ordem, que preconiza a implementação de um Direito penal máximo, cujos bens jurídicos inter-individuais e patrimoniais recebem uma tutela reforçada com elevada punibilidade face às ofensas, incrementando-se uma incessante proclamação diária da necessidade de criminalização e de instituição de penas pesadas. Este movimento teve origem nos anos 60 nos USA e tem como exemplo, no Brasil, a Lei dos Crimes Hediondos.

O Direito penal apresenta-se como o meio ideal e adequado a fazer frente à criminalidade e à tutela de bens jurídicos. Se a criminalização e a elevada punibilidade não previne nem diminui a criminalidade, a solução passa por incrementar novas leis criminais e (novas) penas mais severas. Neste modelo, a polícia ganha espaço de intervenção e aparece como a primeira instituição garante dos bens jurídicos ao deter (prender) em flagrante todos os que delinquem, aumentando os índices de criminalidade com uma desmedida diminuição dos direitos, liberdades e garantias dos cidadãos[148].

---

[147] Cfr. Eugenio Raúl Zaffaroni e José Henrique Pierangeli. *Manual de Direito Penal Brasileiro* – V. 1 – Parte Geral. 7.ª Edição, São Paulo: Editora Revista dos Tribunais, 2008, pp. 312-313.

[148] Quanto a este assunto, Rafael Braude Canterji. *Política Criminal e Direitos Humanos.* Porto Alegre: Livraria do Advogado Editora, 2008, pp. 43-44.

AS TENDÊNCIAS DO DIREITO PENAL DA PÓS-INDUSTRIALIDADE

Esta teoria aproxima-se da designada tese da *tolerância zero*[149] – evitar que a incivilidade gere crime, evitar que a pequena criminalidade gere uma criminalidade ainda mais grave e evitar que uma determinada conduta administrativa licenciada gere insegurança e impunidade [o caso da tolerância zero na criminalização da condução com velocidade superior a 150Km/H em Espanha] – ou do *Estado polícia* – cujo suporte do poder legitimado e a legitimar atraca na polícia como instituição e na polícia como atividade de *ius imperii* e de manifestação majestática do Estado (ou do Governo em exercício).

Os direitos, liberdades e garantias fundamentais pessoais não desaparecem de todo, mas encontram-se fortemente restringidos para um eficaz exercício do poder na prossecução de uma segurança cognitiva e apaziguadora dos medos paneónicos desenvolvidos de forma espetacular pela imprensa. A via securitária não descapitaliza a pessoa e não a converte em coisa, mas reduz a sua esfera jurídica de intervenção e de exercício de direitos fundamentais.

É um estádio adequado para preparar o caminho para a instauração de um poder autoritário, cuja estigmatização dos desfavorecidos gera(rá) um estímulo de ação policial em detrimento da prevenção e repressão do crime que provoca maior danosidade e lesividade social. Esta via desvanece o conteúdo e o alcance do princípio da tolerância jurídica e da tolerância social. A musculação da ação do Estado impõe o princípio da legalidade na sua mais 'pérfida' conceção: *dura lex, sed lex.*

Como exemplo de *tendências securitárias* no Brasil, podemos indicar a prisão temporária por 5 dias, prevista no art. 301.º do CPPB, assim como a busca domiciliária efetuada pela polícia nas 24 horas sequentes à prisão em flagrante. O inquérito policial que resiste no Brasil e nos países anglo-saxónicos é um exemplo perfeito da securitização do Direito processual penal. Na Europa continental, sob a égide dos princípios da jurisdicialização e da judiciarização do processo-crime, *ab initio ad finem*, o inquérito ou a instrução criminal está nas mãos da polícia criminal sob a direção e dependência funcional das autoridades judiciárias. A polícia criminal é

---

[149] Neste sentido e falando da tolerância zero fomentar o aumento do efectivo policial e da liberdade de agir dos elementos policiais para criar um maior sentimento de segurança na comunidade, RAFAEL BRAUDE CANTERJI. *Política Criminal....* pp. 44-48. Quanto à tese da tolerância zero e com elevado desenvolvimento teórico-prático, NORMAN DENNIS (Editor). *Zero Tolerance. Policing a Free Society.* London: IEA Health and Welfare Unit, 1998, n.º 35.

as mãos e os olhos do judiciário, mas a cabeça diretiva pertence ao poder judicial independente, imparcial e previamente estabelecido por lei[150].

Em Portugal, podemos apontar como exemplo da securitização limitada, a possibilidade das Autoridades de Polícia determinarem a aplicação de medidas de polícia *revistas* e *buscas*, nos termos e condições da al. *a)* do art. 29.º da Lei de Segurança Interna como *medida de prevenção* de um perigo maior – posse ou detenção de armas ou de objetos proibidos ou perigosos – que ponha em causa a vida ou a integridade física de pessoas. O preceito não exige a verificação de quaisquer suspeitas sobre o cidadão visado com a revista ou busca policial não domiciliária, basta tão-só a presunção de que se está em um determinado local ou se dirige para um determinado local de vigilância policial – *v. g.*, um evento desportivo ou de lazer como um concerto de Rock – para que a polícia possa proceder a estas diligências de segurança.

6. No quadro processual penal e em uma estreita ligação com a tese da securitização aliada à tese da *policialização*, em Portugal, na reforma processual penal de 2007, a polícia criminal, ao arrepio e em contradição com os primados constitucionais, prescreveu a possibilidade de proceder a restrições de direitos e liberdades fundamentais pessoais – *v. g.*, reserva da intimidade da vida privada, inviolabilidade de domicílio e das comunicações intersubjetivas, liberdade de escolha do local ou direito a que não se saiba onde se encontra – e admitiu a possibilidade da polícia criminal deter a notícia do crime durante dez (10) dias sem comunicar ao Ministério Público, titular da ação penal e respetivo inquérito em Portugal[151]: é uma marca do processo (político) da policialização.

A reforma de 2007, em Portugal, aditou o art. 252.º-A do CPP português que admite o recurso à localização celular de uma pessoa, seja vítima, seja arguido, por parte da polícia criminal – designada

---

[150] É uma imposição constitucional e da Convenção Europeia dos Direitos Humanos: artigos 202.º, 219.º e 272.º da CRP e art. 6.º da CEDH. Quanto a um relevante desenvolvimento sobre o direito a um julgamento submetido ao poder judicial – tribunal – independente, imparcial e estabelecido por lei, IÑAKI ESPARZA LEIBAR e JOSÉ FRANCISCO ETXEBARRIA GURIDI. Derecho a un Proceso Equitativo. In: *Convenio Europeo de Derechos Humanos. Comentario Sistemático.* Der. IÑAKI LASAGABASTER HERRARTE, 2.ª Edição, Madrid: Thomson-Civitas, 2009, pp. 176-228.

[151] Cfr. art. 219.º da CRP e art. 263.º do CPP.

AS TENDÊNCIAS DO DIREITO PENAL DA PÓS-INDUSTRIALIDADE

de órgão de polícia criminal (OPC) – quando esteja em perigo a vida ou a integridade física dos visados com a interceção. É uma situação de *estado de necessidade* justificante, causa de justificação supralegal, que passou a ser uma medida de polícia.

Do mesmo modo podemos apontar a possibilidade da polícia criminal poder efetuar buscas domiciliárias sem autorização ou ordem judicial sempre que haja flagrante delito e não se possa recorrer àquela e o crime motivador da ação policial seja punido com pena de prisão superior a três (3) anos, nos termos do art. 177.º, n.º 3 e n.º 2, al. *c*) do CPP. Consideramos que qualquer uma das situações descritas está ferida de inconstitucionalidade material por violação do art. 18.º, n.º 2 e 3, art.º 32.º, n.º 4, art. 34.º, n.º 3, art. 202.º e art. 219.º da CRP, assim como está em desconformidade com a CEDH, que é Direito Constitucional vigente em Portugal por força do art. 8.º e do art. 16.º da CRP[152].

Importa destrinçar o conceito de *policialização* utilizado por E. RAÚL ZAFFARONI.

O conceito de *policialização* é empregue para o processo de descaracterização do sistema funcional jurisdicionalizado para um sistema de desjurisdicionalização e de desjudiciarização, em que a polícia criminal ocupa o papel principal da tela, substituindo o Ministério Público e o Juiz.

O conceito de *policização* é o processo interno da organização policial e atua sobre o modo de ser e de pensar do elemento policial, alterando-o: "*o processo de deterioração ao qual se submetem pessoas dos sectores carentes da população que se incorporam às agências militarizadas do sistema penal e que consiste em deteriorar sua identidade original e substituí-la por uma identidade fictícia, funcional ao exercício de poder da agência*"[153]. O processo de *policização* gera o estigma do policizado oriundo de classes inferiores e mais atreitos à prática corrupta da ação policial em prol de uma anomia em detrimento da defesa da legalidade democrática.

---

[152] Para uma melhor compreensão e aprofundamento deste tema – localização celular –, MANUEL MONTEIRO GUEDES VALENTE. *Teoria Geral do Direito Policial*. 4.ª Edição. Coimbra: Almedina, 2014, pp. 334-340.

[153] Cfr. EUGENIO RAÚL ZAFFARONI. *Em Busca das Penas Perdidas*.... p. 141.

O fenómeno do terrorismo gerou uma onda de alterações legislativas securitárias de restrição de direitos e liberdades pessoais que sacralizam "o valor segurança"[154] e a obrigatoriedade da inocuização de qualquer perigosidade. Os direitos dos cidadãos são salvaguardados pela certeza de apreciação e validação posterior judicial. Mas ceder às teses contrárias ao Direito penal garantista e humanista é ceder aos promotores do terror e é declarar-lhes a vitória. Devemos resistir à tentação do caminho da eficácia máxima com a delação do legado dos nossos antepassados: direitos, liberdades e garantias fundamentais.

§3.º Movimento justicialista ou "império dos juízes"

7. O movimento *justicialista*[155] rege-se por um reforço dos poderes judiciais face aos demais poderes e face ao cidadão, tendo como melhor caminho a diminuição dos direitos, liberdades e garantias processuais penais consagradas na Constituição e inscritas na legislação processual penal.

O processo de implementação de um sistema penal justicialista inicia--se pelas revisões constitucionais com fundamento na credibilização do Direito penal comum e a diminuição da impunidade crescente nas mentes e nas estatísticas criminais. O risco ou o perigo societário, geradores de uma ameaça cognitiva permanente, detonam sobre o texto constitucional revisões que restringem o direito fundamental tutelado e colocado em causa com a ação do Estado.

Em Portugal, a criminalidade organizada, o terrorismo, a criminalidade altamente violenta, o tráfico de droga foram a factualidade criminógena legitimadora da restrição do direito da inviolabilidade do domicílio como santuário sagrado noturno da família, permitindo-se a sua inviolabilidade

---

[154] Cfr. ANABELA MIRANDA RODRIGUES. Política Criminal – Novos Desafios, Velhos Rumos. In: *Liber Discipulorum* JORGE DE FIGUEIREDO DIAS. Org. MANUEL DA COSTA ANDRADE, JOSÉ DE FARIA COSTA, ANABELA MIRANDA RODRIGUES e MARIA JOÃO ANTUNES, Coimbra: Coimbra Editora, 2003, p. 219.

[155] Quanto à teoria do *justicialismo* na legiferação penal e na interpretação e aplicação das normas penais materiais e processuais e da delação do princípio da tolerância, LUÍS NUNES ALMEIDA. Tolerância, Constituição.... In: *RPCC*. Ano 13, n.º 2, pp. 171-175.

por decisão judicial ou em flagrante delito, existindo *periculum in mora*, por decisão da Autoridade de Polícia Criminal[156].

No Brasil podemos indicar como exemplo do justicialismo levado ao extremo, a prática judicial de emissão de mandados de buscas em aberto, para que a eficácia policial seja alcançada e o «combate» ao crime seja eficiente[157].

Consideramos que a propugnação de um processo penal célere que não garanta minimamente as garantias de defesa do indiciado configura uma situação de justicialismo, exceto se a concretização da celeridade processual niilificar os direitos de defesa e transformar o indiciado em um objeto ou coisa do processo, caso em que estaremos dentro do Direito penal do inimigo.

§4.º Movimento belicista ou do inimigo: a coisificação do *Ser*

8. As "novas" ameaças e os "novos perigos" – características da «Sociedade de Risco»[158] ou da sociedade «líquida»[159]– estão a colocar em causa o Direito penal de garantia [garantismo] e a legitimar a defesa de um Direito penal do inimigo, fundado na dogmática do Direito penal do autor, cuja responsabilização penal não se prende com o facto praticado, mas com a ideia de que como é um ser não integrado no sistema do estado de legalidade, deve ser visto como um inimigo porque representa um perigo, uma ameaça, um risco à segurança não real, mas cognitiva.

Esta teoria ganhou força com os atentados terroristas [do 11 de setembro de 2001, em Nova Iorque , de 11 de março de 2004, em Madrid, de 7 de julho de 2005, em Londres, nos últimos 3 anos em França, na Turquia, nos países africanos, no Iraque], que passou a considerar todos os que não perfilham dos valores republicanos e democratas ocidentais como

---

[156] Não obstante o n.º 3 do art. 34.º da CRP nada referir quanto à necessidade da decisão ser de uma Autoridade de Polícia Criminal, consideramos que deve ser aquela a dar a ordem de entrada no domicílio dentro das exceções previstas constitucionalmente e no art. 177.º, n.º 3 do CPPP, em obediência ao princípio *odiosa sunt restringenda*.

[157] Cfr. art. 241.º do CPPB.

[158] Quanto à sociedade de risco e aos perigos inerentes a esta sociedade pós-industrial, BECK ULRICH. *La Sociedad de Riesgo. Hacia una Nueva Modernidad*. Barcelona: Pidós, 1988.

[159] ZIGMUT BAUMAN. *Tempos Líquidos*. Tradução do inglês Liquid Times (Living in an Age of Uncertain) de Carlos Alberto Teixeira. Rio de Janeiro: Zahar, 2007.

potenciais focos de ameaça e de perigo sobre os quais o Direito penal deve intervir com todas as "armas" ao seu dispor, inclusiva com a desnudificação de todos os direitos, liberdades e garantias processuais penais e, caso seja necessário, recorrer a todos os métodos de obtenção de prova – *v. g.*, *Patriot Act* e o manual de tortura –, adequados não a descobrir a verdade, mas uma verdade que sirva de apaziguamento da comunidade e de restituição cognitiva da paz jurídica e social.

O estabelecimento do estado-unidense é a manifestação da coisificação do homem, *in casu*, do terrorista. O suposto terrorista fica preso por tempo indeterminado sem objeto criminal identificado ou determinado processualmente, sem direito de defesa, sem direito a *habeas corpus*, sem direito a qualquer garantia processual penal, sem direito ao respeito pelos direitos mínimos da personalidade, sem direito a ser julgado por um tribunal subordinado ao juiz natural[160] [para Guantánamo criaram-se tribunais militares que, com lucidez, o Supremo Tribunal de Justiça dos USA declarou incompetentes].

Em prol da diminuição ou da inocuização do perigo e da ameaça à segurança cognitiva[161] e à paz jurídica e social, admite-se e assiste-se à barbárie e à humilhação do inimigo metamorfoseando-o em *não-pessoa*, em *coisa* e em *objeto* passível de todos os atos animalescos e bárbaros possíveis com o fundamento de que se procura descobrir a verdade material e realizar a justiça humana. A deslegitimação de um Direito penal do inimigo enraíza-se, *ab initio*, na ideia de que não é legítimo ao Estado usar das mesmas armas que os criminosos sob pena de, a determinado momento, não distinguirmos qual dos dois é o criminoso: se o inimigo, se o Estado.

As versões mais próximas do Direito penal do inimigo são o Direito penal do nazismo hitleriano – cujo inimigo do *Reich* era o judeu e as raças menores, germinadores de insegurança – e o Direito penal de segurança nacional das ditadoras da América latina – cuja «ideologia da segurança nacional» se converteu em interesse vital comunitário, em bem jurídico

---

[160] Quanto a este assunto, LUIGI FERRAJOLI. *Democracia....* pp. 237-239.

[161] No sentido de quase nula segurança produzida com o Direito penal do inimigo se pode ler SEBASTIAN SCHEERER, MARIA BÖHM e KAROLINA VÍQUEZ. Seis Preguntas y Cinco Respuestas sobre el Derecho penal del Enemigo. In: *Derecho Penal del Enemigo – Vol. 2.* Coordenação de MANUEL CANCIO MELIÁ e CARLOS GÓMEZ-JARA DÍEZ. Tradução do alemão de CARLOS GÓMEZ-JARA DÍEZ, Madrid: Edisofer S.L. e Buenos Aires/Montevideo: B de F Ltda., 2006, p. 931 e 933.

AS TENDÊNCIAS DO DIREITO PENAL DA PÓS-INDUSTRIALIDADE

supra individual, e todo o dissidente era encarado como delinquente e, como tal, um inimigo para a ordem jurídico-política estabelecida e legitimada jus constitucionalmente[162].

Quanto ao nazismo hitleriano e ao golpe fatal ao Estado de direito alemão pelo presidente do III Reich, transcrevemos parte do Decreto de proteção do Povo e do Estado, de 28 de Fevereiro de 1933:
"Ao abrigo do art. 48.º, número 2,da Constituição do III *Reich* e para o combate aos actos de violência comunistas, que ameaçam a segurança do Estado, é decretado o seguinte:

Artigo 1.º: Os artigos 114.º, 115.º, 117.º, 118.º, 123.º, 124.º e 153.º da Constituição do *Reich* Alemão são suspensos até determinação em contrário. São permitidas, portanto, mesmo excedendo os limites normalmente definidos para estes casos, restrições à liberdade individual, ao direito à livre expressão do pensamento, incluindo a liberdade de imprensa, ao direito de associação e reunião, violações do sigilo de correspondência, telégrafo e telefones, mandatos de busca domiciliária e de confiscação bem como restrições à propriedade.
ARTIGO 2.º: Se num estado federado não forem tomadas as medidas necessárias à reposição da segurança e ordem públicas, o Governo do *Reich* pode, para esse efeito, chamar a si, por um período transitório, as atribuições da suprema autoridade regional.
Artigo 3.º: As atribuições dos estados federados e autarquias (associações de autarquias), no âmbito das suas competências, têm de dar cumprimento às prescrições emanadas do Governo do *Reich* ao abrigo do artigo 2.º"[163].

---

[162] Cfr. LUIGI FERRAJOLI. *Democracia....* p. 238. Quanto a este assunto, EUGENIO RAÚL ZAFFARONI e JOSÉ HENRIQUE PIERANGELI. *Manual de Direito Penal Brasileiro....* pp. 313-314.
[163] Cfr. LUDWIG SCHEILD, IDALINA AGUIAR DE MELO e ANTÓNIO DE SOUSA RIBEIRO. *Dois Séculos de História Alemã (política, sociedade e cultura).* 3.ª Edição, Coimbra: Minerva, 1996, p. 275. Citando CARL SCMITT, BOBBIO explica que a característica da soberania está no poder de decretar o estado de sítio ou de exceção, mais precisamente aquele estado que consente, com base no princípio da necessidade, derrogar leis vigentes ou suspender provisoriamente sua execução". NORBERTO BOBBIO. *O Elogio da Serenidade....* 2002, p. 96.

A legitimidade totalitária nazi é consagrada pela Lei de 24 de Março de 1934, designada Lei de Autorização, que dá todos os poderes ao HITLER para revogar e alterar e contrariar a Constituição e todas as leis que coloquem em causa o nacional-socialismo e a segurança do povo e do Estado. É a assunção plena do totalitarismo hitleriano[164].

9. O Direito penal do inimigo, como Direito penal de autor, atua(rá) antes do crime acontecer. A excecionalidade e tipicidade da criminalização dos atos preparatórios deixa de vigorar e passa a obedecer ao princípio da punibilidade de todos e quaisquer atos preparatórios e, ainda, incrementa uma ação penal enraizada no estado de perigosidade presumível devido à religião, ao país, à raça, à cor, à ideologia política e fundamentada no perigo para a segurança cognitiva da comunidade integrada no estado de legalidade: *v. g.*, as detenções secretas da CIA de presumíveis terroristas por todo o mundo, sem processo e sem seguir as normas jurídicas de cooperação judiciária e policial em matéria penal, e a submissão daqueles a interrogatórios desjudicializados e a torturas intensas são o exemplo da ação penal policializada e desjurisdicionalizada fundada no presumível ou no pressuposto de que aquele cidadão (estigmatizado) é um perigo para a comunidade; a morte do cidadão brasileiro JEAN CHARLES pela ação precipitada da polícia inglesa; assim como o regime disciplinar diferenciado aplicado aos presidiários no Brasil, cuja sanção de isolamento celular significa tratar o preso como uma *coisa* ao encarcerá-lo sem contato com qualquer pessoa por tempo desproporcionalmente admissível.

O inimigo da sociedade deixa de ser tutelado por direitos, liberdades e garantias que são reconhecidos aos demais membros da sociedade. Esta perda de natureza humana e conversão em coisa estende-se à família, amigos e entes próximos. Busca-se um sistema, sob regras do direito positivo – *estado normativo* –, que despersonalize os seres humanos e os converta em coisas. Existem vários preceitos em várias legislações processuais penais que assentam na teoria do «amigo» e «inimigo». Neste ponto, são avocados princípios regentes

---

[164] Quanto a este assunto, JOSÉ AGONSO GIL. *O Estado de Excepção na Teoria Política Internacional.* Bond. Books on Demand, 2010, pp. 67-72.

– periculosidade e segurança – em detrimento da culpabilidade e da antijuridicidade e, por consequência, da legalidade democrática.

Pode falar-se, aqui, de um caminho mais preocupante quanto à teoria geral da lei penal: o regresso das leis retroativas penais, de que nos fala MARTIN GOLDING, quando escreve sobre a *patologia jurídica* do período nazista e ditatorial e sequente. Centrada em normas penais e processuais abertas e causais, a discricionariedade da intervenção do rosto do Estado – intervenção discricionária da polícia – assume-se como o princípio da defesa do Estado de natureza hobbesiana, que se afirma "como um todo"[165], cuja garantia de integridade admite a delação de todos os «outros», suspeitos por natureza, sejam parentes, sejam amigos, sejam vizinhos.

Se o terrorista, o traficante de armas, o traficante de droga, o traficante de seres humanos ou de órgãos humanos são *inimigos* da comunidade e se devemos atuar belicamente, não faz sentido falar de Direito penal do inimigo, mas do Direito da Guerra e aplicar aos prisioneiros de guerra as Convenções de Genebra. Esta é a lógica mais lúcida e simples que qualquer cidadão devia tecer na sua mente, antes de defender qualquer trituração da dignidade da pessoa humana.

Acresce a este fundamento jus internacional positivo, referir que o Direito penal do inimigo carece de fundamento dogmático: todo e qualquer Direito se funda no carácter histórico e relativo dos conteúdos materiais das ordens ético-sociais e, neste sentido, opõe-se à ideia de exclusão dos seres humanos, reduzidos a indivíduos, como se fossem «inimigos»; o Direito penal do inimigo não se dirige à pessoa normativa, mas à pessoa empírica – de carne e osso, dotada de personalidade e de dignidade –, sendo inaceitável uma construção dogmática punitiva que trate o agente do crime como *coisa* ou *não-pessoa*; e, ainda, o valor da dignidade da pessoa humana, cujo respeito se impõe e cuja garantia se exige contra a coação estatal, apresenta-se como reduto inultrapassável e incompatível com um Direito penal do inimigo[166].

---

[165] Cfr. MARTIN GOLDING. *Filosofia e Teoria do Direito*. Tradução do inglês de Ari Marcelo Solon. Porto Alegre: Sérgio António Fabris Editor, 2010, p. 184.

[166] Neste sentido e com desenvolvimento da trilogia obstáculo ao Direito penal do inimigo, LUIS GRACIA MARTÍN. *O Horizonte do Finalismo....* pp. 156-177 e FERRAJOLI, LUIGI, *Democracia...*, pp. 239-247.

Fontes: ALMEIDA, Luís Nunes. Tolerância, Constituição e Direito Penal. In: *Revista Portuguesa de Ciências Criminais*. Coimbra. Coimbra Editora, 2003, Ano 13, n.º 2, pp. 171-175. AMARAL, Diogo Freitas do. *Do 11 de Setembro à Crise do Iraque*. 5.ª Edição, Bertrand Editora, Lisboa, 2003. BAUMAN, Zigmunt . Tempos Líquidos. Tradução do inglês *Liquid Times (Living in an Age of Uncertain)* de Carlos Alberto Teixeira. Rio de Janeiro: Zahar, 2007. BOBBIO, Norberto. *Elogio da Serenidade. E outros escritos morais*. Tradução do italiano *Elogio della mitezza* de Marco Aurélio Nogueira. São Paulo: Unesp Editora, 2002. CANTERJI, Rafael Braude. *Política Criminal e Direitos Humanos*. Porto Alegre: Livraria do Advogado Editora, 2008. DENNIS, Norman (Editor). *Zero Tolerance. Policing a Free Society*. London: IEA Health and Welfare Unit, 1998, n.º 35. ESPARZA LEIBAR, Iñaki e ETXEBARRIA GURIDI, José Francisco. Derecho a un Proceso Equitativo. In: *Convenio Europeo de Derechos Humanos. Comentario Sistemático.* Der. Iñaki Lasagabaster Herrarte, 2.ª Edição, Madrid: Thomson-Civitas, 2009. FERRAJOLI, Luigi. *Democracia y Grantismo. Teoría del Garantismo Penal.* Tradução do italiano *Diritto e Ragione. Teoria del Garantismo Penale.* de VVAA. Madrid: Editorial Trotta, 2008. GIL, João Afonso. *O Estado de Excepção na Teoria Política Internacional*, Bond, 2010, pp. 21-22. GOLDING, Martin. *Filosofia e Teoria do Direito*. Tradução do inglês de Ari Marcelo Solon. Porto Alegre: Sérgio António Fabris Editor, 2010. GRACIA MARTÍN, Luis. *O Horizonte do Finalismo e o Direito Penal do Inimigo*. Tradução do espanhol de Luis Regis Prado e de Érika Mandes de Carvalho. São Paulo: Editora Revista dos Tribunais Ltda., 2007. HASSEMER, Winfried. *A Segurança Pública no Estado de Direito*. Tradução *Innere Sicherheit im Rechtsstaat* do alemão de Carlos Eduardo Vasconcelos. Lisboa: AAFDL, 1995. JAKOBS, Günther e CANCIO MELIÁ, Manuel. *Derecho Penal del Ciudadano y Derecho Penal del Enemigo*. Tradução do alemão *Bürgerstrafrecht und Feindstrafrecht* de Manuel Cancio Meliá. Madrid: Cuadernos Civitas, 2003. RODRIGUES, Anabela Miranda. Política Criminal – Novos Desafios, Velhos Rumos. In: *Liber Discipulorum* Jorge de Figueiredo Dias. Org. Manuel da Costa Andrade, José de Faria Costa, Anabela Miranda Rodrigues e Maria João Antunes, Coimbra: Coimbra Editora, 2003. ROXIN, Claus. *Derecho Penal. Parte General. Tomo I. Fundamentos, La Estructura de la Teoría del Delito.* Tradução do alemão *Strafrecht. Allgemeiner Teil, Band I: Grundlagen. Der Aufbau der Verbrechenslehre* (2.ª Edição) de Diego-Manuel Luzón Peña, Miguel Díaz y García Conlledo e Javier de Vicente Remesal. Madrid: Civitas, 1999. SCHEILD, Ludwig, MELO, Idalina Aguiar de e RIBEIRO, António de Sousa. *Dois Séculos de História Alemã (política, sociedade e cultura).* 3.ª Edição, Coimbra: Minerva, 1996. SILVA SÁNCHES, José Maria. *La*

O DIREITO PENAL DO INIMIGO COMO INVERSÃO DA IDEIA DE DIREITO PENAL

Expansión del Derecho Penal. Aspectos de la Politica Criminal en las Sociedades Posindustriales, 2.ª Reimpressão da 2.ª Edição, Montivideo/Buenos Aires: Editorial de B de *f*, 2008. ULRICH, BECK. *La Sociedad de Riesgo. Hacia una Nueva Modernidad*. Barcelona: Pidós, 1988. VALENTE, MANUEL MONTEIRO GUEDES. Cooperação Judiciária em Matéria Penal no Âmbito do Terrorismo. In: *A União Europeia e o Terrorismo Transnacional*. Coordenação de ANA PAULA BRANDÃO. Coimbra: Almedina, 2010. *Teoria Geral do Direito Policial*. 4.ª Edição. Coimbra: Almedina, 2014. ZAFFARONI, EUGENIO RAÚL e PIERANGELI, JOSÉ HENRIQUE. *Manual de Direito Penal Brasileiro* – V. 1 – Parte Geral. 7.ª Edição, São Paulo: Editora Revista dos Tribunais, 2008. ZAFFARONI, EUGENIO RAÚL. *Em Busca das Penas Perdidas. A perda de legitimidade do sistema penal*. Tradução do espanhol *En busca de las pensa perdidas* de VÂNIA ROMANO PEDROSA e AMIR LOPES DA CONCEIÇÃO. 5.ª Edição. Rio de Janeiro: Editora Revan, 2001.

Capítulo 5
O Direito penal do Inimigo como inversão da ideia de Direito penal. O terrorismo como gérmen da esquizofrenia belicista[167]

§1.º Enquadramento Geral

1. A ideia de Direito penal iluminista, centrada no escopo de limitação do poder do soberano na ação penal, implementou o designado Estado de direito formal. O Direito penal deste modelo de Estado trouxe para cima da mesa a *segurança jurídica*: o soberano não aplicava a lei a "seu belo prazer", de acordo com a força do mais forte, típica do *estado natureza*, mas segundo os primados da lei. A lei passa a ser o encontro de vontades expressas pelo povo e só essa, a lei do estado civil ou fruto do *estado legal*, seria aplicada ao facto humano.

---

[167] Este capítulo tem como base o apoio estrutural e conceptual as conferências proferidas na Universidade da Região de Joinville – UNIVILLE –, Brasil, no dia 24 de Maio de 2010, e no Curso de Direito da Faculdade Cenetista de Joinville, no dia 25 de Maio de 2010. Esta investigação integrou o Projeto FCT PTDC/CPO/64365/2006: A Coordenação Europeia na Luta contra o Terrorismo Transnacional: o caso de Portugal e Espanha. Procederam-se a algumas atualizações.

O afastamento do *estado natureza* – em que às pulsões animalescas humanas reage a lei selvagem[168] – e a derrocada do absolutismo em prol de uma comunidade liberal encontra o fundamento no auto governo do homem por meio da lei: razão e fonte de ação do Estado na prossecução do bem comum. É, hobbesianamente falando, na lei que se encontra a justiça, mesmo que em si mesma seja injusta: "a lei não é uma norma de justiça mas um mandato do Estado, porque é por ele que qualquer preceito se transforma em lei"[169].

Como marco revelador da ideia da lei estabelecida por todos os membros repassamos a seguinte passagem de LOCKE: "O homem nasce, (...), com um título à liberdade perfeita e ao gozo ilimitado de todos os direitos e privilégios da lei natural, em igualdade com qualquer outro homem ou grupo de homens no mundo; tem, por natureza, o poder, não só de proteger a sua propriedade, isto é, a sua vida, a sua liberdade e os seus bens, contra as injúrias e investidas dos outros homens, mas também de julgar e punir as infracções à lei natural cometidas por outros quando na sua apreciação a ofensa o justificar, e até mesmo com a pena de morte nos crimes cuja hediondez, na sua opinião, o exigir. Mas como **nenhuma sociedade política pode existir, nem subsistir, sem possuir em si mesma o poder de proteger a propriedade** e, tendo em vista esse fim, **de punir as ofensas de qualquer um dos seus membros**; nesse caso, e **só nesse caso, é que existe uma sociedade política**, em que cada um dos seus membros renunciou a este poder natural e entregou-o nas mãos da comunidade para que fosse exercido todas as vezes em que as circunstâncias particulares não excluíssem o **recurso à protecção da lei por ela estabelecida**. Assim, ao excluir o julgamento privado de cada um dos membros, a comunidade converte-se num arbítrio, que, por intermédio de regras estabelecidas, imparciais e uniformes para todas as partes, e de homens autorizados pela comunidade a executar essas regras, decide todas as controvérsias

---

[168] Quanto a este assunto, JOHN LOCKE. *Dois Tratados do Governo Civil.* Tradução do inglês *Two Treatises on Government* de MIGUEL MORGADO e revisão de LUÍS ABEL FERREIRA. Lisboa: Edições 70, 2006, pp. 233-242.

[169] Cfr. JOSÉ AFONSO GIL. *O Estado de Excepção na Teoria Política Internacional.* Bond. Books on Demand, 2010, p. 23.

O DIREITO PENAL DO INIMIGO COMO INVERSÃO DA IDEIA DE DIREITO PENAL

que podem ocorrer entre quaisquer membros dessa sociedade sobre qualquer assunto de direito, aplicando as penas previstas pela lei. Deste modo, distingue-se facilmente quem vive, e quem não vive, numa sociedade política", *i. e.*, quem vive em *estado legal* e em *estado de natureza* perfeito[170].

Neste campo de afirmação humana, o Direito penal assume-se como garante da não arbitrariedade do *ius puniendi*[171]. Limita-se a interpretação do juiz ao teor literal da lei, que se afirma com o positivismo ou normativismo que não acolhe o homem como centro da discussão, mas como o destinatário da lei penal e garante da paz jurídica.

2. A teoria dos seres humanos perigosos inatos por hereditariedade, de que nos falava GARÓFALO, mas de uma hereditariedade aperfeiçoada à ideologia ou à religião ou ao sentir de perigo inato e da necessária proteção, emergente dos Estados de exceção ou estados de necessidade de exceção, entra na teia do pensamento humano e comunitário que com o teor paneónico emergente do terrorismo se agrava.

"A natureza congénita das tendências criminosas é hoje um facto provado, dando-nos uma natural explicação do phenomeno da reincidência, ingenuamente attribuido pela escola correccionalista á má disciplina dos cárceres" e acrescenta que "Poucos homens de sciencia negam hoje a existência de tendências criminosas innatas"[172].

A dramatização e a politização da violência[173], em especial a violência terrorista ou a violência descarnada da desobediência civil qualificada

---

[170] JOHN LOCKE. *Dois Tratados do Governo....* pp. 289-290. Negrito nosso.

[171] Neste sentido com elevado fundamento científico filosófico e jurídico-político, GUSTAV RADBRUCH. *Introdução à Ciência do Direito.* Tradução do alemão *Einführung in die Rechtswissenschaft* de VERA BARKOW e Revisão técnica de SÉRGIO SÉRVULO DA CUNHA. São Paulo: Martins Fontes, 1999, 105-124.

[172] Cfr. RAFAEL GARÓFALO. *Criminologia....* 5.ª Edição, p. 128.

[173] Um Direito penal que gera mais violência que um não Direito penal é ilegítimo e contrário à teleologia da responsabilização criminal. Quanto a este assunto, NORBERTO BOBBIO. *As Ideologias e o Poder....* 4.ª Edição, pp. 111-117, EUGENIO RAÚL ZAFFARONI e JOSÉ HENRIQUE PIERANGELI. *Manual de Direito Penal Brasileiro* .... 7.ª Edição, pp. 86-91, CESARE BECCARIA. *Dos Delitos....,* pp. 66-67, EUGENIO RAÚL ZAFFARONI, *O Inimigo no Direito....* 2.ª Edição, pp. 21-27 e

DIREITO PENAL DO INIMIGO E O TERRORISMO

de terrorista, gerou o retorno à conceção de um "delinquente-inimigo" como se a prevenção ao e do crime se fundasse em uma lógica de "guerra ao crime" demolidora de uma verdadeira *politik*, que não se esgota nas "dimensões avassaladoras" e no "flagelo que constitui a criminalidade organizada"[174]. Este "regresso a casa"[175] ou «retrocesso vem embebido de uma "cultura de segurança", típica da "sociedade de risco" e da "sociedade do bem-estar"»[176].

Face ao perigo, à ameaça e ao risco – conhecido e desconhecido (cognitivo ou real) –, a sociedade exige ao Direito penal uma tutela preventiva permitindo-se-lhe socorrer de um arsenal material e processual de "armas" de prevenção do crime – mais designada de "combate ao crime" – e de repressão de toda e qualquer violência, em que a "a criminalidade de massa é o cadinho de uma política criminal populista"[177] adequada a manipular o medo comunitário. Admite-se o recurso a um carro de combate blindado (crime) em vez da educação e do esclarecimento (ação preventiva social e de polícia). Esta política criminal reduz-se tão-só a uma política securitária[178] e gera um Direito penal de segurança. É uma política criminal de exceção e que assenta na ideia de uma suspensão da vigência da Constituição, sem que a mesma deixe de estar em vigor, da suspensão

---

115-124, e *Em Busca das Penas Perdidas*. 5.ª Edição, pp. 174-178, GUSTAV RADBRUCH. *Introdução à Ciência* .... pp. 108-114, e *Filosofia* .... pp. 241-244.

[174] Cfr. ANABELA MIRANDA RODRIGUES. Política criminal – Novos Desafios, Velhos Rumos. In: *Liber Discipulorum* JORGE DE FIGUEIREDO DIAS. Org. MANUEL DA COSTA ANDRADE, JOSÉ DE FARIA COSTA, ANABELA MIRANDA RODRIGUES e MARIA JOÃO ANTUNES, Coimbra: Coimbra Editora, 2003, p. 210.

[175] Cfr. EDUARDO LOURENÇO. *O Esplendor do Caos*. 2.ª Edição, Lisboa: Gradiva, 1999, p. 27.

[176] Cfr. ANABELA MIRANDA RODRIGUES. Política criminal – Novos Desafios, ... In: *Liber Discipulorum*.... p. 210.

[177] Cfr. ANABELA MIRANDA RODRIGUES. Política criminal – Novos Desafios, ... In: *Liber Discipulorum*.... p. 211. Neste mesmo sentido se pronunciou HASSEMER: "as contínuas vivências e descrições da criminalidade de massa condimentam um clima generalizado de medo ao crime, impotência do Estado e promessas de que, com maior repressão, a situação melhora". Cfr. WINFRIED HASSEMER. *A Segurança Pública no Estado de Direito*. Tradução do alemão *Innere Sicherheit im Rechtsstaat* de CARLOS EDUARDO VASCONCELOS. Lisboa: AAFDL, 1995, p. 92.

[178] Neste sentido, ANABELA MIRANDA RODRIGUES. Política criminal – Novos Desafios, ... In: *Liber Discipulorum*.... p. 214. Nesta linha se pode ler AUGUSTO SILVA DIAS. De que Direito Penal precisamos nós Europeus? Um olhar sobre algumas propostas recentes de constituição de um direito penal comunitário. In: *RPCC*. Coimbra: Coimbra Editora, 2004, Ano 14, n.º 3, p. 318: o Direito Penal é concebido no quadro europeu "como um instrumento da política de segurança, sem que a liberdade cidadã seja tida como um contrapeso ou travão à sua expansão".

O DIREITO PENAL DO INIMIGO COMO INVERSÃO DA IDEIA DE DIREITO PENAL

da ordem jurídica como uma unidade teleológica, epistemológica e axiológica, assim como as leis inferiores se sobrepõem às leis superiores com base no princípio de *força de lei* em detrimento do princípio *eficácia de lei*[179].

Como ensina Anabela M. Rodrigues[180], esta tese reduz o Estado a uma dimensão *individualista* e a uma consequente dimensão de *Estado punitivo*, em que o "aumento de demanda da segurança relativiza a demanda de liberdade. A segurança – (...) – emerge como prioridade da acção pública", assim como trazem para o centro da discussão os elementos da essencialidade da criminalização de condutas, agravam a punibilidade de outras condutas já tipificadas como crime e reforçam a restrição dos direitos, liberdades e garantias fundamentais pessoais como o desenvolvimento de um sistema de justiça criminal autoritário de raiz estado-unidense e britânico: *perigosidade* e *segurança*.

É de alertar que quanto à teoria da *perigosidade* regente da intervenção do Direito penal – em que o homem é predeterminado ou pré-identificado como delinquente, que nos permite constatar a medida da sua *periculosidade*, em que a pena neutraliza o perigo e ressocializa o delinquente, cujo limite e fundamento é a perigosidade do delinquente ou presumível delinquente –, em contraposição à teoria da *culpabilidade* – que admite que o homem tem capacidade de escolha (liberdade de decisão e de ação), que admite que a sua escolha seja censurada, em que a pena retribui culpabilidade e esta é o seu fundamento e limite[181].

Desde já, não podemos olvidar que, como escrevera Montesquieu, a "severidade das penas é mais conveniente ao governo despótico, cujo princípio é o terror, do que à monarquia ou à república,

---

[179] Para uma melhor compreensão desta nossa posição e do que na realidade podemos vir a viver nos próximos tempos, com várias citações da teoria do estado de exceção de Schmitt, Giorgio Agamben. *Estado de Exceção*. Tradução do italiano *Stato di Eccezione* de Iraci Poleti. São Paulo: Boitempo Editorial, 2004, pp. 53-63.

[180] Cfr. Anabela Miranda Rodrigues. Política criminal – Novos Desafios, ... In: *Liber Discipulorum*.... pp. 215-216.

[181] Cfr. Eugenio Raúl Zaffaroni e José Henrique Pierangeli. *Manual de Direito Penal...* – 1, 7.ª Edição, pp. 103-106, Eugenio Raúl Zaffaroni. *O Inimigo no Direito....* 2.ª Edição, pp. 70-82 e 109-114, Anabela Miranda Rodrigues. Política criminal – Novos Desafios, ... In: *Liber Discipulorum*.... pp. 216-220.

DIREITO PENAL DO INIMIGO E O TERRORISMO

que têm como motor a honra e a virtude"[182] e que "a causa de todos os relaxamentos" vem da "impunidade dos crimes e não da moderação das penas"[183].

Perguntamos se os desafios lançados ao Direito penal da pós-modernidade ainda não conduziram o olhar do legislador a alcançar a dimensão frágil do ser humano e de que a opção por um Direito penal belicista é a manifestação da falácia do Estado de direito material democrático e da inversão da conceção de Estado que passa a ser um fim em si mesmo e não um fim de proteção do ser humano e da humanidade[184].

O Direito penal não pode abandonar a ideia de ser humano como *indivíduo*, como *cidadão* e como *ser comunicacional social inato*, cujo exercício da liberdade se materializa em uma *intercomunicabilidade* e *intersubjetividade* com o exercício da liberdade dos demais. O Direito penal é uma manifestação de liberdade e de afirmação do ser humano como pessoa digna de igualdade de tratamento seja ou não delinquente. Mesmo que seja um terrorista.

Esta aceção de intercomunicabilidade do *ser* leva-nos à intersubjetividade do *dever ser* e consideramos que só esta relação lógico-matemática e axiológica admite a construção de um Direito penal centrado na culpabilidade e na humanidade como dois oximoros magnéticos da construção da

---

[182] Cfr. MONTESQUIEU. *O Espírito das Leis*. Tradução de CRISTINA MURACHCO. São Paulo: Martins Fontes, 2005, p. 93. Como ensina BECCARIA: "Não é a dureza das penas que tem maior efeito sobre a alma humana, mas a sua duração; porque a nossa sensibilidade é mais facilmente e mais longamente tocada por impressões mínimas mas repetidas do que por um forte mas passageiro movimento". Cfr. CESARE BECCARIA. *Dos Delitos....* p. 119.

[183] Cfr. MONTESQUIEU. *O Espírito das Leis....* p. 95. FIGUEIREDO DIAS defende penas mais leves, mas efetivas do que penas mais intensas e graves e não efetivas. Cfr. JORGE DE FIGUEIREDO DIAS. *Direito Penal Português – As Consequências Jurídicas do Crime*. Lisboa: Editorial Notícias, 1993, p. 112. Neste mesmo sentido, ANABELA MIRANDA RODRIGUES defendeu, no Seminário "A Política Criminal nos nossos Dias", em 18 de Dezembro de 2002, na Universidade Moderna de Lisboa, no desenvolvimento do seu tema, o recurso a pequenas penas de prisão com um processo célere, sem «atropelos» dos direitos fundamentais.

[184] Quanto à tese de que os Direitos Humanos impendem sobre o Estado "uma nova visão da justiça penal «à medida do ser humano» ", ALBIN ESER. "Una Justicia Penal «a la Medida del Ser Humano» en la Época de la Europeización y la Globalización. In: *Modernas Tendencias en la Ciencia del Derecho Penal y en la Criminología*. Tradução de TERESA MANSO PORTO. Madrid: UNED, 2001, p. 17. Já era esta a linha de pensamento de CESARE BECCARIA. *Dos Delitos....*, p. 65.

O DIREITO PENAL DO INIMIGO COMO INVERSÃO DA IDEIA DE DIREITO PENAL

legalidade e da reintegração ou tratamento ou reeducação para o Direito, melhor, para a convivência harmoniosa social.

§2.º O Direito penal como Direito de liberdade

3. O Direito (positivo) não significa sempre segurança jurídica[185] e fonte limitadora do exercício do poder despótico, como denota o caso da Venezuela[186], assim como outros Estados onde o sistema político ditatorial (autoritário e totalitário) e restritivo de direitos, liberdades e garantias fundamentais pessoais se enraíza na normatividade jurídica da hegemonia política. Não falamos deste Direito, nem desejamos regressar a esse Direito. Falamos de um Direito criado *pelo povo*, dirigido *para o povo* e legitimado na vontade *do povo*.

Falamos de um Direito centrado na realidade social e exercido na prossecução dos problemas dessa realidade social mutável a cada momento e a cada espaço territorial. Falamos de um Direito que tem em conta uma *identidade cultural* e a *descontinuidade e diversidade cultural* de uma região planetária – nacional, regional [União Europeia, União Africana e Organização dos Estados Americanos, sendo de destacar o espaço do Mercosul] e transnacional – aferida da ideia de *comunicabilidade intersubjetiva*[187].

---

[185] Neste sentido se pode ler REINHOLD ZIPPELIUS. *Teoria Geral do Estado*. Tradução de KARIN PRAEFKE-AIRES COUTINHO e Coordenação de GOMES CANOTILHO. 3.ª Edição. Lisboa: Fundação da Calouste Gulbenkian, 1998, pp. 388-389.

[186] O sistema político-jurídico venezuelano, como de muitos outros Estados criados em uma base inicial de democracia, nasceu da legitimidade democrática do povo e, sugando a lógica emergente desta, promoveu as alterações necessárias jurídico-constitucionais para a instalação de um sistema autoritário e caminha a largos passos do estabelecimento de um sistema totalitário. É, em regra nestes sistemas, que se constrói o edifício penal do inimigo do Estado ou do povo. É neste sentido que nos fala FERRAJOLI nos elucida quando ilustra o edificar da doutrina hitleriana ou nazi e estalinista. LUIGI FERRAJOLI. *Democracia y Garantismo*, p. 237. Quanto às origens e desenvolvimento do totalitarismo e do seu incremento societário antissemitismo, HANNAH ARENDT. *As Origens do Totalitarismo*. Tradução de ROBERTO RAPOSO. Lisboa: Dom Quixote, 2008: "É verdade que as estatísticas não indicam necessariamente processos históricos reais; mas é digno de nota que, para um estatístico, a perseguição e extermínio dos judeus pelos nazis pudessem parecer uma insensata aceleração de um processo, que provavelmente ocorreria de qualquer modo em termos da extinção do judaísmo alemão" (p. 5).

[187] Quanto à ideia de linguagem comunicacional no Direito penal, PAULO CÉSAR BUSATO. *Uma Análise Negativa do Conceito de Ação em Direito Penal a Partir da Filosofia da Linguagem*. Rio de Janeiro: Lumen Juris, 2005.

DIREITO PENAL DO INIMIGO E O TERRORISMO

O Direito penal expresso em um tempo e em um espaço jurídico-político identificado e determinado é o reflexo de um *pensar cultural* específico, de um *pensar conceptual (dogmático) do ser humano* e de um *pensar de conceção de Estado*[188]. Todos os pensares interferem na construção basilar da organização de um povo, independentemente da estrutura organizativa ansiada: política, económica, religiosa, social, educativa, policial, judiciária, jurídica. A comunidade, vivendo em uma lógica radbruchiana do poder de "um «todos nós»"[189] – poder democrático –, subjugar-se-á a um Direito penal material e processual fruto da conjugação daqueles três elementos cognitivos e pragmáticos: *pensar cultural*; *pensar conceptual (dogmático) do ser humano*; e *pensar de conceção de Estado*.

Estes três elementos cognitivos e pragmáticos germinam de um sentimento unívoco designado por EDUARDO LOURENÇO como *sentimento nacional*. Este sentimento nacional é o reflexo do aprofundamento da identidade (nacional) que se encontra imbuída de uma realidade própria e nela se realiza[190].

A legitimidade de qualquer Direito penal – nacional, europeu ou transnacional – não pode, na contemporaneidade, enganchar tão-só em uma lógica positivista jus constitucionalista ou de Estado de Direito (formal): esta tese, imbuída do espírito kantiano e hegeliano do *estado legal* e de um Direito penal como represália e intimidação, atravessou o séc. XIX na maioria dos Estados e foi liliputianamente desaparecendo no pós II Grande Guerra. A aceção e conceção de Estado de direito formal, nascido para limitar o poder arbitrário do soberano e assente em um primado de segurança jurídica, geraram a monstruosidade do nazismo[191] e do estali-

---

[188]   Neste sentido e alertando para as dificuldades de implementação de uma justiça penal supranacional subordinada a um Código penal e processual penal supranacional, ALBIN ESER. Una Justicia Penal «a la medida del Ser Humano».... In: *Modernas Tendencias en la Ciencia del Derecho Penal*.... p. 35.

[189]   Cfr. GUSTAV RADBRUCH. *Introdução à Ciência* ..., p. 238.

[190]   Cfr. EDUARDO LOURENÇO. Uma Europa de nações ou os dentes de Cadmo. In: *Portugal e a Construção Europeia*. Organização de MARIA MANUELA TAVARES RIBEIRO, ANTÓNIO MOREIRA BARBOSA DE MELO e MANUEL CARLOS LOPES PORTO. Coimbra: Almedina, 2003, pp. 55-58.

[191]   O modelo penal nazi assentava no primado do "«tipo normativo de autor» (*Tätertyp*)". Cfr. LUIGI FERRAJOLI. *Democracia y Garantismo*. p. 237, CLAUS ROXIN. *Derecho Penal*... -Tomo I, pp. 179-184, JORGE DE FIGUEIREDO DIAS. *Direito Penal*... - Tomo I, 2.ª Edição, pp. 235-236; REINHART MAURACH e HANS ZIPF. *Derecho Penal. Parte General. Teoría General del Derecho Penal y estructura del hecho punible* – 1. Tradução da 7.ª Edição do alemão *Strafrecht Allgemeiner*

O DIREITO PENAL DO INIMIGO COMO INVERSÃO DA IDEIA DE DIREITO PENAL

nismo[192], assim como justificou as atrocidades produzidas, na salvaguarda do bem coletivo segurança sacralizado, pelos sistemas políticos ditatoriais, autoritários e totalitários[193]/[194].

O positivismo penal, próprio do Estado de direito formal, alheado a interpretações que não sejam as previstas na lei, assenta na ideia de represália e intimidação em que a pena passou a ser um valor real que compensa o valor real crime[195]. Um Direito penal concebido hoje em uma lógica de *represália* e de *intimidação* – antecipatória ou preventiva[196] – seria a defesa de um Direito penal de reação ao medo e ao perigo, restritivo da tão exígua liberdade de que somos depositários, e não um Direito penal de defesa de toda pessoa como ser humano frágil.

Já em 1926, GUSTAV RADBRUCH alertava para os perigos de um Direito penal centrado só na teoria da segurança jurídica e no positivismo como sua fonte, em que "o carácter repressivo e intimidativo do Código Penal" gerava uma "concepção supra-individualista"

Teil. Teilband 1, Grundlehren des Strafrechts und Aufbau der Straftat de JORGE BOFILL GENZSCH e ENRIQUE AIMONE GIBSON. Buenos Aires: Editorial Astrea, 1994, pp. 100-101; e EUGENIO RAÚL ZAFFARONI, *O Inimigo no Direito....* 2.ª Edição, pp. 102-109.

[192] O modelo penal soviético estalinista arreiga-se ao primado do criminoso como "inimigo do povo". Cfr. LUIGI FERRAJOLI. *Democracia y Garantismo.* p. 237 e GUSTAV RADBRUCH. *Filosofia do Direito.* Tradução do alemão *Rechtsphilosophie* de MARLENE HOLZHAUSEN e Revisão técnica de SÉRGIO SÉRVULO DA CUNHA. São Paulo: Martins Fontes, 2004, pp. 243-244.

[193] Nesta linha de pensamento e com uma crítica científica profunda não *«populista»* ou *«palpiteira»*, EUGENIO RAÚL ZAFFARONI, *O Inimigo no Direito....* 2.ª Edição, pp. 70-81.

[194] Para uma melhor compreensão do que estamos a falar aconselhamos ler a preocupação inerente a dois autores – uma alemão e outro americano – que explicam como o positivismo pode legitimar um Direito penal de autor e de persecução criminal de todos os que são indesejados pela sociedade político-civil estabelecida no poder. MARTIN KRIELE. *Introdução à Teoria do Estado. Os Fundamentos históricos da legitimidade do Estado Constitucional Democrático.* Tradução do alemão *Einführung in die Staatslehre Die geschichtlichen Legitimitätsgrundlagen dês demokratischen Verfassungsstaates* de Urbano Carvelli. Porto Alegre: Sérgio Fabris Editor, 2009, pp. 38-55 e 169-176 (174) e MARTIN GOLDING. *Filosofia e Teoria do Direito.* Porto Alegre: Sérgio Fabris Editor, 2010, pp. 181-194.

[195] Cfr. GUSTAV RADBRUCH. *Introdução à Ciência ....* p. 106.

[196] Vejam-se as teses das investigações de campo avançado – *Vorfeld* (campo avançado) que se destinam a levar a cabo providências de *"combate preventivo do crime (vorbeugende Bekämpfung von Straftaten)"* – em MANUEL MONTEIRO GUEDES VALENTE. *Do Ministério Público e da Polícia. Prevenção Criminal e Acção Penal como Execução de uma Política Criminal do Ser Humano.* Lisboa: UCE, 2013, pp. 308-309.

que subordinava o "conceito penal segundo o pensamento de autoridade", em que o crime se caracteriza "como insubordinação, o
castigo como represália", ou seja, na escrita de FRIEDRICH JULIUS
STAHL, a "justiça penal é a afirmação do poder do Estado pela destruição ou sofrimento de quem contra ele se revoltou"[197].

Acompanhamos a tese da subordinação do Direito penal ao *princípio
da legalidade* concrecionante do Estado de direito social material democrático[198]. A garantia de que seremos apenas responsabilizados por crimes que
à data da comissão a lei o tipificava como tal e segundo as normas processuais penais, aprovadas e tipificadas democraticamente – neutralizando
a arbitrariedade dos órgãos de perseguição criminal e do Tribunal –, só é
admissível quando o quadro tipificador de crimes e das normas processuais
penais for "fixado por um legislador legitimado democraticamente" que
crie uma lei para ser "decidida, escrita e publicada democraticamente" de
modo que a realidade jurídica se mostre ao cidadão o "mais clara e exacta
possível, garanta a estabilidade e assegure a unidade e igualdade da aplicação do Direito através de uma relação que se estende para além do caso
concreto"[199].

Este fio condutor do *princípio da legalidade legitimado democraticamente* –
legiferante e hermenêutico – deve impregnar-se na linha da construção
de qualquer um espaço (e tempo) penal: seja nacional, seja europeu, seja
do Mercosul, seja transnacional.

4. A função atribuída ao Direito penal não se pode esgotar nos meros
campos magnéticos da *segurança* e da *perigosidade*[200]. Estes campos magnéticos germinam um Direito penal que implica agir antes do facto, de
agir sobre aqueles cidadãos detentores de características físicas e psíquicas indiciadoras de colocarem em perigo a paz jurídica e social. Estes dois

---

[197] Cfr. GUSTAV RADBRUCH. *Introdução à Ciência* .... p. 105 (pp. 105-107).

[198] Quanto a este princípio da legalidade que assenta em uma política criminal do ser humano, MANUEL MONTEIRO GUEDES VALENTE. *Do Ministério Público e da Polícia...*, pp. 137-162.

[199] HANS-HEINRICH JESCHECK e THOMAS WEIGEND. *Tratado de Derecho Penal. Parte General.*
Tradução do alemão *Lehrbuch des Strafrechts: All. Teil* de MIGUEL OLMEDO CARDENTE. 5.ª
Edição, Granada: Editorial Comares, 2002, pp. 136 e 137.

[200] Quanto a este assunto ANABELA MIRANDA RODRIGUES. Política criminal – Novos Desafios,
.... In: *Liber Discipulorum*.... pp. 216-220.

conceitos – *segurança* e *perigosidade* – da «penologia» do inimigo implicam a inocuização ou neutralização daquele em um momento prévio à lesão efetiva ou à efetividade do perigo de lesão a qualquer bem jurídico[201].

Os espaços físicos onde se afirma o Direito penal impõem a liberdade – como princípio e como direito – e a justiça, que, como escrevera TOCQUE-VILLE, surge com o grande objetivo de "substituir o uso da violência (...) e colocar intermediários entre o governo e o emprego da força material"[202]. A segurança entrincheira-se, como em já velhos rumos, como irmã trigémea da liberdade e da justiça. A política criminal europeia, de endurecimento ou de fortalecimento da muralha, inscreveu, na conservatória europeia, a *segurança* como a irmã trigémea que ocupa, na trilogia, um lugar de primazia face à *justiça*: «espaço de liberdade, de segurança e de justiça».

Apesar de se reafirmar a exigência de tutela de bens jurídicos individuais e supraindividuais lesados ou colocados em perigo de lesão com condutas de ação e resultado transnacional, transeuropeu, o tecido edificativo do TFUE mantém, prioritária e preferencialmente, uma matriz de "mera cooperação transfronteiriça"[203]. Não obstante o anseio da construção dogmática jurídico-criminal se debater por uma harmonização do Direito penal material e processual de liberdade para cimentar a ideia de uma Europa igualitária em dignidade humana e em dignidade de tutela penal, a decisão político-legislativa optou por assumir que a *segurança* é o novo paradigma da afirmação dos direitos e liberdades fundamentais e a torre de menagem da liberdade e da justiça.

Há, desta feita, a promoção da segurança como *direito garantia* dos demais direitos e liberdades fundamentais a *princípio estruturante da edificação europeia* a par da liberdade e acima da justiça. Podemos afirmar que a liberdade (L), princípio de referência da emanação dos valores da humanidade, se adiciona à segurança (S), princípio basilar de afirmação da liberdade, para produzirem o desejado pelos cidadãos: justiça (J). Pode-

---

[201] Neste sentido, TATJANA HÖRNLE. Dimensiones Descritivas y Normativas del Concepto de "Derecho Penal del Enemigo". In: *Derecho Penal del Enemigo. El Discurso Penal de la Exclusión.* Coord. M. CANCIO MELIÁ e GÓMEZ-JARA DÍEZ. Tradução do alemão de MANUEL CANCIO MELIÁ. Madrid/Buenos Aires/Montevideo: EDisofer S. L./B de ƒ Ltda., 2006, Vol. 2, p. 51.

[202] Cfr. ALEXIS DE TOCQUEVILLE. *Da Democracia na América.* Tradução de CARLOS CORREIA MONTEIRO DE OLIVEIRA. Cascais: Principia, 2002, p. 180.

[203] Cfr. ALBIN ESER. Una Justicia Penal «a la medida del Ser Humano» .... In: *Modernas Tendencias en la Ciencia del Derecho Penal....* p. 36.

DIREITO PENAL DO INIMIGO E O TERRORISMO

mos, como já o fizemos[204], afirmar que a construção do espaço europeu, inscrita no TUE[205] e que se mantém no TFUE[206], segue a linha da materialidade pró-securitária própria de um Estado pró-securitário e de um espaço penal europeu pró-securitário.

É a expressão da "Europa fortaleza" que caminha para a Europa fortificada ou Europa muralha: justificando e legitimando a violência e a força material estatais sobre o cidadão europeu em geral – cujos direitos e liberdades se encontram limitados como nunca – e sobre o cidadão perseguido por suspeita da prática de crime ou para cumprimento de uma pena ou medida privativa da liberdade – cuja acessão do pensar inseguro do cidadão se esgota em um olhar de inimigo do *estado legal*.

A «tábua de salvação» e de limite à onda securitária europeia encontra-se no art. 6.º do TFUE ao subordinar a construção europeia aos valores, princípios e direitos consagrados na CEDH, e no próprio n.º 1 do art. 67.º do TFUE que subordina o espaço de liberdade, de segurança e de justiça às tradições de cada povo – *pensar cultural* –, aos direitos fundamentais – *pensar da conceção (dogmática) do ser humano* – e aos sistemas estaduais – *pensar da conceção de Estado*. Esta opção subscrita, com a qual concordamos, relança a relevância e a força da expressão de EDUARDO LOURENÇO: é o "regresso a *casa*".

É um "regresso a casa" ou um regresso afirmativo da soberania no quadro dos direitos humanos, porque não se funda na universalidade da UE – património consagrado na CEDH – e na exigência da construção de uma Europa sem «santuários» ou «Terras do nunca». Mas este edifício implicaria uma *harmonização* material penal – conceção de tipicidade, de antijuridicidade, de censurabilidade e de punibilidade – e processual penal no quadro das tipologias criminais inscritas como as fenomenológicas transnacionais: «terrorismo, tráfico de seres humanos e exploração sexual de mulheres e crianças, tráfico de droga e de armas, branqueamento de capitais, corrupção, contrafacção de meios de pagamento, criminalidade informática e criminalidade organizada»[207].

---

[204] MANUEL M. GUEDES VALENTE. *Do Mandado de Detenção Europeu*. Coimbra: Almedina, 2006, pp. 107-108.
[205] Cfr. art. 29.º da TUE antes do Tratado de Lisboa.
[206] Cfr. art. 67.º do TFUE na versão consolidada.
[207] Cfr. segunda parte do n.º 1 do art. 83.º do TFUE na versão consolidada, onde constam as tipologias criminais designadas de hediondas pela legislação brasileira.

O DIREITO PENAL DO INIMIGO COMO INVERSÃO DA IDEIA DE DIREITO PENAL

A harmonização penal – característica legitimadora de um espaço europeu penal democrático e de uma garantia e efetividade de *cidadania europeia* – não se encontra, em termos sistemáticos, como prioridade ou razão precedente deste espaço. A opção pela *harmonização* só é admissível jus comunitariamente se a situação fenomenológica criminal impuser esse caminho como «necessário»[208], porque o TFUE, na linha do TUE, de Cardiff e de Tempere, mantém como linha preferencial a «coordenação e cooperação entre as autoridades policiais», a coordenação e cooperação entre as autoridades judiciais e a concretização do princípio «do reconhecimento mútuo das decisões judiciais em matéria penal»[209].

Para que se incentive a implementação plena do *reconhecimento mútuo* existe a obrigação de os Estados-membros, segundo as medidas adotadas pelo Conselho da União, sob proposta da Comissão Europeia, procederem a uma avaliação objetiva e imparcial da execução das medidas referentes ao espaço de liberdade, segurança e justiça. O princípio do reconhecimento mútuo – rosto do pragmatismo inglês – assume-se, em detrimento da harmonização e de uma igualdade da e na perseguição criminal, como a *pedra angular* da construção do espaço penal europeu. Reflete, no nosso entender, o anseio de manter o reduto de soberania da não soberania[210].

A harmonização inscreveu-se como último recurso na construção do espaço penal europeu, como denota o n.º 1 do art. 82.º do TFUE que prescreve que a cooperação judiciária em matéria penal na UE «inclui a aproximação das disposições legislativas e regulamentares" dos Estados-membros nos domínios fenomenológicos criminais do art. 83.º e processuais do n.º 2 do próprio preceito. A opção para a harmonização é de inclusão e não de fundamento como se afere para o princípio do reconhecimento mútuo na forma verbal do presente do indicativo «assenta»[211]. Impera a teoria da segurança e da periculosidade cuja reação estatal se deve prender em critérios de eficácia policial e judiciária.

---

[208]   Cfr. terceira e última parte do n.º 3 do art. 67.º TFUE na versão consolidada.

[209]   Cfr. segunda parte do n.º 3 do art. 67.º TFUE na versão consolidada.

[210]   Quanto ao princípio do *reconhecimento mútuo*, MANUEL MONTEIRO GUEDES VALENTE. *Do Mandado de Detenção Europeu*. Coimbra: Almedina, 2006, pp.

[211]   Cfr. n.º 1 do art. 82.º do TFUE na versão consolidada.

Acresce a este cenário a subordinação do caminho da *harmonização* ao *princípio da necessidade*, como se retira, novamente, do n.º 2 do art. 82.º do TFUE ao subordinar o princípio da harmonização ao *princípio da eficácia* processual da concretização do reconhecimento mútuo: meios de prova, direitos individuais, direitos das vítimas e outros elementos específicos do processo penal (*p. e.*, o mandado de detenção europeu, apreensão de provas e congelamento de bens).

A subalternização do princípio da harmonização – "unidade na diversidade" ou "unificação atenuada"[212] – é, na nossa opinião, a subalternização dos três elementos cognitivos e pragmáticos que devem reger a criação de um espaço penal e que o próprio TFUE impõe: o **respeito** pelo *pensar cultural* – tradições dos povos da União –, pelo *pensar de conceção dogmática do ser humano* – direitos fundamentais – e pelo *pensar de conceção de Estado* – sistemas estatais. A opção pela não concretização plena da harmonização é a subalternização da liberdade e da justiça: ganha o espaço de segurança.

Razão tem ALBIN ESER quando, face à conceção de que a unificação jurídica só seria viável com o sacrifício dos sistemas de cada Estado-membro, afirma que a harmonização implicará uma *alteração de mentalidade* que assente em uma *política europeia comum*, que abra as portas às várias *culturas jurídicas* e de respeito pela *tradição jurídica* dos povos, em que cada ordenamento jurídico possa aprender com os demais ordenamentos jurídicos[213].

Consideramos que, face ao exposto [ao n.º 1 do art. 67.º do TFUE], a União Europeia defende uma orientação matemática de Direito penal pró--securitário, em que a liberdade (L) e a segurança (S) adicionadas geram a justiça (J):

$$L + S = J$$

---

[212] Expressões de DELMAS-MARTY e de JEAN PRADEL, cujas obras nos é, neste momento, impossível identificar.
[213] Cfr. ALBIN ESER. Una Justicia Penal «a la medida del Ser Humano» .... In: *Modernas Tendencias en la Ciencia del Derecho Penal*.... p. 36-37.

Esta opção é "o regresso a *casa*", em que "aquilo que é potência de universalidade tornou-se o núcleo duro da diferença identitária"[214] e de colisão dogmática jurídico-criminal dos três elementos cognitivos e pragmáticos – *pensar cultural, pensar conceptual (dogmático) do ser humano* e *pensar de conceção de Estado* –, essenciais à criação de um Direito penal, restritivo de direitos e liberdades fundamentais do cidadão, e nucleares no singrar da CEDH como *lex mater* da edificação da UE. Mas a política criminal centrada na ideia de «Europa fortaleza»[215] tem olvidado aqueles elementos cognitivos e pragmáticos como se a consciência histórica de um povo – ou dos povos da Europa – fosse legado não recomendado na estruturação de um novo espaço de afirmação da Humanidade com um Direito penal humanista e do garantismo.

5. A função do Direito penal não se pode esgrimir em um conceito minimalista de construção de espaço de elevado nível de segurança como prescreve o n.º 3 do art. 67.º do Tratado sobre o Funcionamento da União Europeia (TFUE)[216], cujo mote legitimador é o mesmo mote legitimador dos defensores do Direito penal do inimigo ou das «não-pessoas» para um catálogo de crimes expresso no n.º 1 do art. 83.º do TFUE: terrorismo, criminalidade organizada, tráfico de droga, tráfico de armas, tráfico de seres humanos, branqueamento, corrupção, exploração sexual de mulheres e crianças.

A segurança é uma garantia da vivência comunitária[217], mas não é uma garantia absoluta, nem se afigura como um direito absoluto, exceto se

---

[214] EDUARDO LOURENÇO. *O Esplendor do Caos.* 2.ª Edição, Lisboa: Gradiva, 1999, p. 27.

[215] Cfr. ANABELA MIRANDA RODRIGUES. Política criminal – Novos Desafios, ... In: *Liber Discipulorum*.... p. 224: o movimento de criação de um Direito penal europeu tem-se regido por uma política securitária – a primazia do reconhecimento mútuo em detrimento da harmonização penal concretizado pelo mandado de detenção europeu e pela apreensão e congelamento de provas e bens – e por um "fosso" e pela "ausência de diálogo" entre o povo e o decisor político europeu e nacional, gerando um "divórcio" que promove o «medo de um "Estado policial europeu"» ou o «discurso do "crepúsculo das liberdades"».

[216] O n.º 3 do art. 67.º do TFUE prescreve que o elevado nível de segurança no espaço europeu deve passar pela implementação de "medidas de prevenção da criminalidade, do racismo e da xenofobia e de combate a esses fenómenos".

[217] Quanto à *segurança* como *direito garantia* dos demais direitos e liberdades fundamentais, J. J. GOMES CANOTILHO e VITAL MOREIRA. *Constituição da República Portuguesa Anotada.* 4.ª Edição, Coimbra: Coimbra Editora, 2008, Vol.1.º, anotação ao artigo 27.º, JORGE MIRANDA e RUI MEDEIROS (Org.), *Constituição Portuguesa Anotada* – Tomo I. Coimbra: Coimbra Editora,

optarmos pela instalação de um Estado de direito autoritário ou totalitário: de base securitária ou de base justicialista ou de base política (despótico). O equilíbrio emergente da teoria da equidade exigível ao Direito penal não pode absolutizar a segurança como fim único e exclusivo e como se todos ou alguns cidadãos fossem perigosos.

Os perigos de se instaurar, em definitivo, um espaço penal europeu (ou transnacional) securitário, próximo do sistema autoritário ou de segurança nacional da América latina, não estão muito longe face à incapacidade de perseguição dos agentes de crimes transnacionais (mesmo nacionais). Esta incapacidade não é apontada à deficiente formação jurídica, técnica, científica e ética dos operadores judiciários – Ministério Público, Juiz, Polícia, Oficial de Justiça – e ao «débil» sentido de cooperação e partilha de informação na promoção de um espaço livre, justo e solidário. Em regra e com um discurso *«populista»* americanizado e de *«palpiteiro»*[218], os decisores políticos justificam os fracassos na prevenção da criminalidade e na responsabilização dos agentes de crimes com a mesma ladainha: as fragilidades legislativas penais materiais e processuais.

Face a este cenário, apraz-nos ver que a aparece sempre a mesma solução: alteração da legislação por força das Decisões-quadro da UE que restringem, cada vez mais, o pouco espaço de liberdade existente e com o *reforço formal* da cooperação da ação policial e da ação judicial horizontal. Este trilho e intensidade construtiva desenrola-se, a passos largos, em direção à ideia de espaço penal europeu securitário: o elemento segurança (S)

2005, p. 301, MANUEL M. GUEDES VALENTE. *Teoria Geral do Direito Policial.* 4ª Edição, Coimbra: Almedina, 2014, pp. 109-115 e 149-159. Quanto à questão da segurança como garantia, como valor, bem, direito garantia em escassez, mas como perigo de se transformar em marca de fundamentação do Direito penal do inimigo – *Feindstrafrecht –*, J. J. GOMES CANOTILHO. Terrorismo e Direitos Fundamentais. In: *Criminalidade Organizada e Criminalidade de Massa. Interferências e Ingerências Mútuas.* Coordenação de M. M. GUEDES VALENTE. Coimbra: Almedina, 2009, pp. 19-30. Nesta mesma linha de pensamento e afastando-se da tese de GONÇALVES FERREIRA FILHO, no Brasil, JOSÉ AFONSO SILVA. *Comentário Contextual à Constituição.* 6.ª Edição, São Paulo: Malheiros Editores Ltda., 2009, p. 72: «o *caput* do art. 5.º fala em "inviolabilidade do direito à segurança", o que, no entanto, não impede seja ele considerado um conjunto de garantias – natureza que, aliás, se ínsita no termo "segurança"». Entenda-se garantia como um direito instrumental de proteção dos demais direitos fundamentais que se traduz "no direito dos cidadãos a exigir dos poderes públicos a proteção dos seus direitos" e no "reconhecimento de meios processuais adequados a essa finalidade". Cfr. J. J. GOMES CANOTILHO. *Direito Constitucional e Teoria da Constituição.* 7.ª Edição, Coimbra: Coimbra Editora, 2003, p. 396.
[218] Cfr. EUGENIO RAÚL ZAFFARONI. *O Inimigo em Direito....* pp. 74-75.

é o elemento adicionável à justiça (J) que produzem liberdade (L), ou seja, a liberdade só existe porque existe segurança e justiça efetiva. O n.º 3 do art. 67.º do TFUE abandona a matriz securitária do n.º 1 do mesmo preceito e propulsiona e edifica uma lógica matemática de *Direito penal securitário*:

$$S + J = L$$

Este primado matemático afere-se da parte inicial do n.º 3 do art. 67.º do TFUE ao prescrever que a «União envida esforços para garantir *um elevado nível de segurança*», sem acrescentar a liberdade e a justiça como desideratos a envidar esforços. A justiça aparece como meio ou medida de prossecução daquele desiderato ao se prescrever que o «elevado nível de segurança» passa pela aprovação e incrementação de **medidas de prevenção** *da criminalidade, do racismo e da xenofobia e de* **combate** *a esses fenómenos*[219]. O pilar da justiça pode ser aferido quer nas medidas de *prevenção* quer nas medidas de *combate* – e não de repressão – , ou seja, assume-se que a segurança (S) e a justiça (J) são os pilares da construção do espaço de liberdade (L).

Nesta linha securitária, verificamos que a subjugação do princípio da harmonização ao princípio da *necessidade*, ao princípio da *eficácia* e ao princípio da *inclusão para a concretização* do princípio do *reconhecimento mútuo* no espaço da UE, no art. 82.º do TFUE, que se agrava por não submeter todo o processo penal à harmonização, mas tão-só os institutos essenciais ao efetivo e eficaz incremento do reconhecimento mútuo: meios de prova, direitos do arguido e da vítima, e outros elementos específicos do processo penal[220].

6. Só pode existir um elevado nível de segurança no espaço europeu, *i. e.*, só pode existir segurança em um espaço penal nacional, europeu e internacional se a liberdade se afirmar, kantianamente, como *o mais alto valor da justiça*, e se a justiça se afirmar como um pilar de igualdade e de democracia sob o primado da legalidade construtor de uma nova ordem (jurídica) europeia sob os desígnios do princípio da humanidade.

O Direito penal não é nem deve ser um Direito de necessidade, mas um Direito de liberdade. A afirmação desta construção só é alcançável com

---

[219] Cfr. n.º 3 do art. 67.º do TFUE na versão consolidada. Itálico e negrito nosso.
[220] Cfr. n.º 2 do art. 82.º do TFUE na versão consolidada.

a harmonização das normas jurídico-criminais materiais e processuais. Como afirma FERREIRA MONTE, "a harmonização das normas há-de servir sobretudo para *garantir valores comuns e fundamentais* em todo o espaço europeu, entre os quais avulta o da liberdade"[221]. O valor da liberdade é o valor supremo a tutelar pela intervenção penal seja nacional, seja regional (europeia) seja transnacional. É na liberdade que reside a essência do ser como ser humano e a medula da dignidade da pessoa humana.

> Subscrevemos, neste ponto, a ideia de Direito de GUSTAV RADBRUCH: "O conceito de direito é um conceito cultural, quer dizer, um conceito de uma realidade referida a valores, uma realidade cujo sentido é o de estar a serviço de valores"[222]. O Direito penal deve ser o referencial máximo de valores comuns essenciais ao desenvolvimento harmonioso comunitário, dos quais se destaca o valor da liberdade.

Desta feita, defendemos, um Direito penal material e processual europeu para que não exista qualquer crime impune e vítimas indefesas face à agressão aos seus bens jurídicos de modo que, realizando-se a justiça com a descoberta da verdade material, processual, judicial e válida, se alcance a paz jurídica. Afastamo-nos, sem dúvida, das teses que defendem um Direito penal de segurança nacional ou belicista – em que o agente do crime é um inimigo da comunidade organizada legalmente.

Defendemos um Direito penal garantista e humanista, que tutele os bens jurídicos lesados ou colocados em perigo de lesão no respeito pela ordem jurídico-constitucional legítima, válida, vigente e efetiva, cuja responsabilização assenta em dignificar todo e qualquer ser humano: vítima(s), agente do crime e todos os intervenientes na ação penal independentemente da cor, da ideologia, da raça, da religião...

O fenómeno do terrorismo proporcionou a crescente discursividade da segurança como valor único e primacial do Estado de direito: como se regressássemos ao Estado de direito formal. Não é este Estado que a CEDH,

---

[221] Cfr. MÁRIO FERREIRA MONTE. *O Direito Penal Europeu de "Roma" a "Lisboa" – Subsídios para a Sua Legitimação.* Lisboa: Quid Juris, 2009, p. 81. Itálico nosso.
[222] Cfr. GUSTAV RADBRUCH. *Filosofia....* p. 47.

a CADH e a DUDH propugnam como centralidade da realização do ser humano: pugnam por um Estado de direito social material democrático.

Recordemos aqui o sábio e profundo escrito de AQUILINO RIBEIRO: "O que o homem mais aprecia de grandeza, glória, amor, acima do próprio pão para a boca, é a liberdade. Liberdade de exercer os seus membros locomotores e a sua vontade prática. O resto é uma dissimulação mais ou menos hipócrita das suas algemas de prisioneiro"[223].

Somos voz de um Direito penal subordinado à legitimação democrática própria de um espaço democrático: em que a liberdade (L) se adiciona à justiça (J) e ambas gerem segurança (S):

$$L + J = S$$

O *pensar cultural,* o *pensar conceptual do ser humano* e o *pensar de Estado* impõem a alteração da sistemática da trilogia inscrita – liberdade, segurança e justiça – para a conceção democrática de Direito aferida na trilogia *liberdade, justiça e segurança.* Só, assim, podemos afirmar que o TFUE assenta em uma estrutura cognitiva e pragmática filosófica-política-jurídica de um espaço penal europeu democrático e serve de mote à construção de espaços penais democráticos e de afirmação da liberdade como o mais alto valor do ser humano na comunicabilidade que lhe é adjacente nas relações de intersubjetividade jurídico-criminal do ser com o dever ser.

§3.º A função do Direito penal. Contributos para uma nova construção

7. A função do Direito penal é uma **função de equilíbrio**[224] entre a *proteção de bens jurídicos dignos de tutela penal* – proteção do cidadão contra quais-

---

[223] Cfr. AQUILINO RIBEIRO. *Cinco Reis de Gente.* Lisboa: Bertrand Editora, 1984, p. 95.

[224] Neste mesmo sentido AUGUSTO SILVA DIAS. De que Direito Penal precisamos nós.... In: *RPCC.* Ano 14, n.º 3, p. 318. Não com a mesma base dogmática de equilíbrio, mas em uma estreita ligação com a ideia de «combate» e de «luta» ao facto negativo tipificado, antijurídico, censurável e punível, R. MAURACH e H. ZIPF consideram que a função do Direito penal é "a luta contra o crime dentro do campo que lhe está reservado e com os meios de poder que lhe tenham sido entregues de forma exclusiva; a acção exclusiva do direito penal encontra-se na aplicação da pena criminal, complementada pelas medidas preventivas, em caso de necessidade o, inclusiva, substituída por estas últimas nas situações excepcionais". Cfr. REINHART MAURACH e HEINS ZIPF. *Derecho Penal. Parte General...* – 1, pp. 79-80. Tradução do espanhol nossa. Nesta linha de função de equilíbrio, ZAFFARONI e PIERANGELI escrevem que «o ob-

quer lesões ou concretos perigos de lesão e a consequente proteção da comunidade política e jurídica – e a *defesa do delinquente* [todo e qualquer agente de todo e qualquer crime] *face ao arsenal estatal punitivo* – respeito pelos valores fundantes do Estado de direito e democrático.

Esta aceção jurídico-dogmática, doutrinada por uma política criminal humanista e de garantismo, assume e dá legitimidade ao Direito penal. Mas, esta conceção não tem berço na dogmática do Direito penal do inimigo ou da «não-pessoa», personificada no rosto do terrorista: anexada ao rosto do traficante de drogas, do traficante de armas, do traficante de seres humanos, dos branqueadores de bens, dos corruptos e dos exploradores sexuais de mulheres e de crianças. Esta linha de montagem não se esgota e agrega a si os «indivíduos» perigosos: os indigentes, os estigmatizados, os etiquetados pela sociedade e pelo próprio direito e agências de materialização jurídica[225].

A função do Direito penal construída não esquece a função de equidade inerente a todo o Direito assente em uma tetralogia ferrajoliana: *legitimidade, validade, vigência* e *efetividade*[226]. A função de equilíbrio imposta por um Direito penal humanista e de garantismo evita a aniquilação dos pólos contraditórios ou dos oximoros: demasiada proteção da sociedade por meio da super tutela de bens jurídicos gera a inocuização ou aniquilação

jectivo do direito penal é uma meta política: ainda que sempre se tutelem mais bens jurídicos de uns que de outros, o direito penal deve tender a diminuir estas diferenças e procurar a igualação das tutelas; ainda que o "sentimento de segurança jurídica" seja grupal e se dilua na pluralidade de grupos diferentes e antagónicos, o direito penal deve contribuir para diminuir os antagonismos, fomentar a integração e criar as condições para uma generalização comunitária de segurança jurídica, que é maior na medida em que a estrutura social seja mais justa (maior grau de justiça social) e, em consequência, cada homem sinta que é maior o espaço social de que dispões e a comunidade lhe garanta ou, ao menos, deve procurar não aumentar os antagonismos e as contradições». Cfr. Eugenio Raúl Zaffaroni e José Henrique Pierangeli. *Manual de Direito Penal...* – Vol. 1, pp. 87-88.

[225] Quanto a um estudo dogmático sobre este catálogo de seres humanos, Carlos Roberto Bacila. *Estigmas. Um Estudo sobre os Preconceitos.* 2.ª Edição, Rio de Janeiro: Lumen Juris, 2008. Quanto à estigmatização produzida pelas agências formais de controlo, Jorge de Figueiredo Dias e Manuel da Costa Andrade. *Criminologia. O Homem Delinquente e a Sociedade Criminógena.* 2.ª Reimpressão Coimbra: Coimbra Editora, 1997, pp.345-346 e 365-557 e Eugenio Raúl Zaffaroni. *Em Busca das Penas....* pp. 133-137.

[226] Cfr. Luigi Ferrajoli. *Derecho y Razon. Teoría del Garantismo Penal.* Tradução do italiano *Diritto e Ragione. Teoria del garantismo penale* de Perfecto Andrés Ibáñez et Allii. 5.ª Edição, Madrid: Trotta, 2005, pp. 357-362.

O DIREITO PENAL DO INIMIGO COMO INVERSÃO DA IDEIA DE DIREITO PENAL

do membro da comunidade que não agiu conforme o Direito; e a desmedida ou ilimitada proteção ou a intocabilidade do cidadão que lesionou ou colocou em perigo de lesão bens jurídicos individuais, supra individuais e difusos gera o caos societário e a niilificação de todos os direitos e liberdades. Impõe-se, na construção do novo Direito penal face às (novas) ameaças e riscos do «novo mundo», a assunção da *concordância prática*[227] como princípio da afirmação do ser humano: pessoa detentora de direitos e deveres.

Um dos oximoros é a *proteção de bens jurídicos dignos de tutela penal*, ou seja, só é admissível nesta conceção de Direito penal a proteção daqueles bens jurídicos que a ordem jurídica no seu todo, expressa na Constituição – *lex mater* de um Estado –, considera como fundamentais ao desenvolvimento harmonioso da sociedade[228]: os interesses ou valores vitais[229] que a necessidade humana converte em bens jurídico-criminais ou "pedaços de realidade que se afirmam como valores numa teia de relacionações axiológicas"[230].

O princípio da fragmentariedade do Direito penal, a par dos demais princípios da intervenção penal[231], apresenta-se como filtro da intervenção

---

[227] Quanto ao princípio da *concordância prática* no Direito constitucional, onde emergiu na conflitualidade de princípios e de direitos, J. J. GOMES CANOTILHO. *Direito Constitucional....* 7.ª Edição, pp. 1185-1187 e 1225; no Direito processual penal, JORGE DE FIGUEIREDO DIAS. *Direito Processual Penal.* Lições policociadas coligidas por MARIA JOÃO ANTUNES. Coimbra, 1988-9, pp. 24-26, MANUEL DA COSTA ANDRADE. "Sobre o regime processual penal das escutas telefónicas". In *RPCC*. Ano I, Fasc. 3, Julho-Setembro, 1991, pp. 405-407, MANUEL M. GUEDES VALENTE. *Processo Penal* – Tomo I, 3.ª Edição, pp. 27-28; *Conhecimentos Fortuitos. A Busca de um Equilíbrio Apuleiano.* Coimbra: Almedina, 2006, pp. 23, 55, 60, 61, 117 e 123; e *Teoria Geral do Direito....* 4.ª Edição, pp. 239-244.

[228] Neste sentido MANUEL DA COSTA ANDRADE. A 'dignidade penal' e a 'carência de tutela penal' como referência de uma doutrina teleológica. In: *RPCC*. Ano II, Fasc. 2, 1992, p. 178.

[229] Neste sentido, FRANZ VON LISZT. *Tratado de Direito Penal...* – Tomo I, pp. 93-94. Neste sentido, JUAN CARLOS CARBONELL MATEU. *Derecho Penal Concepto y Princípios Constitucionales.* 3.ª Edição, Valencia: Tirant lo Blanch, 1999, pp. 33-35.

[230] Cfr. JOSÉ DE FARIA COSTA. *Noções Fundamentais de Direito Penal (Fragmenta iuris poenalis).* 1.ª Edição. Coimbra: Coimbra Editora, 2007, p. 23.

[231] Falamos dos princípios da legalidade, da subsidiariedade, da necessidade, da proporcionalidade, da indispensabilidade, da humanidade, da culpabilidade, da reinserção ou do tratamento, da eficácia, da *ultima et extrema ratio*. Quanto a estes princípios regedores do Direito penal e da intervenção para prossecução da função de equilíbrio tutela de bens jurídicos e de proteção do delinquente face ao *ius puniendi*, CLAUS ROXIN. *Política Criminal y Sistema del Derecho Penal.* Tradução de FRANCISCO MUÑOZ CONDE. 2.ª Edição, Buenos Aires: Hammurabi, 2002, ANABELA MIRANDA RODRIGUES. *A Determinação da Medida da Pena Privativa da Liber-*

penal, só admissível para tutela de bens jurídicos cruciais para a vivência comunicacional da sociedade: vida, integridade física, liberdade, honra, património, credibilidade do sistema económico e financeiro, realização da justiça, credibilidade da administração do Estado, segurança interna e externa. Admite-se, ainda, a intervenção penal para tutela de bens jurídicos que se refratam no catálogo descrito[232]. Acresce que a tutela penal deve restringir-se ao núcleo central, indispensável para a vida harmoniosa da sociedade, ou seja, ao mínimo ético que reforça a subsidiariedade e a ideia de *ultima ratio* do Direito penal[233].

A função de equilíbrio de tutela de bens jurídicos e de defesa do delinquente face ao poder punitivo estatal implica a assunção de uma tridimensionalidade repartida[234]: dimensão *garantia*, a dimensão *segurança* e a dimensão *coesão*. A tridimensionalidade ou mesmo a trifuncionalidade complementária da tutela de bens jurídicos evita o resvalamento para uma lógica fundamentalista securitária (ou autoritária) de salvamento total e ilimitado da sociedade de todos (e mais alguns) perigos ou de seres humanos perigosos e para uma lógica abolicionista total geradora de um estado selvagem ou de negação do próprio Estado; e evita, também, a inocuização ou total despersonalização do infrator.

A tridimensionalidade *garantia*, *segurança* e *coesão* podem encontrar reflexo na ideia de que ao Direito penal, como instrumento limitado de tutela de valores e interesses vitais, cabe desde logo tutelar a liberdade do ser humano – como o maior valor ou bem jurídico[235] –, porque só ela é capaz de alcandorar a trajetória vivencial de liberdade de "desenvolvimento da

---

dade. Coimbra: Coimbra, 1995, pp. 246-306, MANUEL DA COSTA ANDRADE. "A 'dignidade penal' e a 'carência de tutela penal' como referência de uma doutrina teleológico-racional do crime". In *RPCC*. Ano II, Fasc. 2, 1992, p. 177 e ss., CEZAR ROBERTO BITENCOURT. *Tratado de Direito Penal. Parte Geral 1*. 14.ª Edição, São Paulo: Editora Saraiva, 2009, pp. 10-28, e MANUEL M. GUEDES VALENTE. *Consumo de Drogas. Reflexões Sobre o Quadro Legal*. 5.ª Edição, Coimbra: Almedina, 2006, pp. 49-62.

[232] Neste sentido, JOSÉ DE FARIA COSTA. *Noções Fundamentais de Direito...* p. 23.

[233] Quanto ao mínimo ético JOSÉ DE FARIA COSTA, *Noções Fundamentais de Direito Penal (Fragmenta iuris poenalis)*. 4.ª Edição. Coimbra: Coimbra Editora, 2015, pp. 174-177.

[234] Enraizamos a nossa posição nas funções complementares da tutela de bens jurídicos defendida por FARIA COSTA. Cfr. JOSÉ DE FARIA COSTA. *Noções Fundamentais de Direito Penal...*. 4.ª Edição, pp. 14-16.

[235] Neste sentido, JUAN CARLOS CARBONELL MATEU. *Derecho Penal...*. 3.ª Edição, p. 32. A liberdade é, para nós e kantianamente falando, o mais elevado valor da justiça.

O DIREITO PENAL DO INIMIGO COMO INVERSÃO DA IDEIA DE DIREITO PENAL

personalidade humana" e de "expansão e concretização dos interesses e valores da comunidade"[236].

A dimensão *garantia* engancha o primado de que o Direito penal identifica e determina por lei os modelos comportamentais humanos com relevância penal e só os modelos negativos relevantes tipificados podem ser sujeitos aos juízos de antijuridicidade e de censurabilidade e ser submetidos à punibilidade previamente expressa. Esta dimensão encerra em si a barreira intransponível da força esmagadora do *ius puniendi* sobre os direitos fundamentais pessoais, *i. e.*, os cidadãos, como "pessoas de direito (*Rechtspersonem*) no papel de destinatários responsáveis de normas"[237], têm de conhecer os comportamentos relevantes e os irrelevantes para o Direito penal[238].

A dimensão *segurança*[239], meeira da dimensão *garantia*, arreiga-se em uma dupla pretensão: a pretensão interna que afirma da ideia do «eu» poder, socialmente integrado, viver em segurança, o que implica "uma relação de cuidado para consigo"[240]; e uma pretensão externa que emerge da exigência que cada pessoa detém em ver tutelada jurídico-criminalmente a sua relação de segurança, que se afirma na ideia do «nós» poder em comunicabilidade com o «outros» poder.

A dimensão *segurança* não obriga a pessoa a concordar com a norma jurídico-criminal, mas obriga-a a obedecer à norma. A pes-

---

[236] Cfr. José de Faria Costa. *Noções Fundamentais de Direito Penal*.... 4.ª Edição, p. 14.

[237] Cfr. Klaus Günther. *Teoria da Responsabilidade no Estado de Direito Democrático de Direito*. Tradução de Flávia Portella Püschel e Marta Rodriguez de Assis Machado. São Paulo: Editora Saraiva, 2009, p. 17.

[238] Cfr. José de Faria Costa. *Noções Fundamentais de Direito Penal*.... 4.ª Edição, p. 15. Só com esse conhecimento se pode aferir a culpabilidade da conduta negativa.

[239] No sentido de que o Direito penal prossegue a segurança jurídica e que esta não se esgota em mero cumprimentos de formalidades legais, mas na proteção de bens jurídicos e como *modus* de manter a comunicabilidade humana e coexistência societária. Cumpre à função de garantia de coexistência garantir "a cada um a possibilidade de dispor – de usar – o que considere necessário para a sua auto-realização", o que impõe que a pena, que afeta bens jurídicos do agente do crime, deve "ter por objecto garantir os bens jurídicos dos demais integrantes da comunidade jurídica". Cfr. Eugenio Raúl Zaffaroni e José Henrique Pierangeli. *Manual de Direito Penal*... - Vol. 1, pp. 86-87. Quanto à segurança jurídica no Estado de direito democrático e da sua negação nos Estados (de direito) totalitários, Gustav Radbruch. *Filosofia*.... pp. 243-245.

[240] Cfr. José de Faria Costa. *Noções Fundamentais de Direito Penal*.... 4.ª Edição, p. 15.

soa conhece a norma jurídico-criminal relevante e o Direito penal dá a liberdade à pessoa de "rejeitar a norma", todavia obriga-a "a não fazer uso da sua capacidade de posicionamento crítico de modo a violar a norma rejeitada por meio de uma acção"[241] sob pena da violação gerar uma consequência jurídico-criminal. A segurança de que ação penal recai sobre a pessoa violadora da norma jurídico-criminal releva na garantia de tutela do bem jurídico lesado ou colocado em perigo de lesão e na proteção do delinquente dentro dos parâmetros tipificados previamente em lei.

A dimensão *coesão* exige uma relação comunicacional de coesões: normativa, pessoal e social. O Direito penal garantista e humanista e imbuído de uma função de equilíbrio impõe que a ordem jurídico-criminal funcione "como cimento agregador de todo o *multiversum* que a ordem jurídica constitui"[242] e se afirme como reforço coevo do ser humano como uma unidade: pessoa. A coesão social ressalta como tarefa do Direito penal e não como valor em si mesmo. Como tarefa, a *coesão* apresenta-se como um valor densificado e densificador de todos os valores jurídicos penalmente relevantes.

8. O Direito penal é ou deve ser o resultado de uma construção equilibrada e equitativa que assimila a *conceção de pensar cultural*, a *conceção dogmática de pensar a pessoa* e a *conceção de pensar do sistema estatal* e os elementos estruturantes do conceito de crime: tipicidade, ilicitude – antijuridicidade –, culpabilidade – censurabilidade – (e punibilidade).

O Direito penal é, desta feita, uma unidade dogmática construtora de um equilíbrio dos oximoros ou dos pontos opostos e de uma conceção fragmentária da intervenção jurídico-criminal de proteção efetiva de um

---

[241] Cfr. KLAUS GÜNTHER. *Teoria da Responsabilidade no Estado....* p. 40-41: "À pessoa de direito não se nega o direito de rejeitar obedecer a normas vinculantes. Nega-se apenas que ela exerça tal direito ao agir no papel de pessoa de direito, situação na qual tem o dever de obedecer à norma", *i.e.*, a pessoa de direito "pode seguir a norma com uma atitude racional orientada por fins, pesando as vantagens e desvantagens que para ela decorreriam da violação da norma e decidir-se por não realizar seu plano de acção original, que incluía a violação da norma, me virtude de as desvantagens superarem as vantagens. O ladrão de bancos que desiste de seu plano porque há uma patrulha policial nas proximidades do banco obedece assim, ao mesmo tempo, à norma jurídica que proíbe roubos a bancos".

[242] Cfr. JOSÉ DE FARIA COSTA. *Noções Fundamentais de Direito Penal....*4.ª Edição, p. 15.

bem jurídico digno e carente de tutela penal e, por conseguinte, de limite e defesa do delinquente face à máquina trituradora de direitos e liberdades fundamentais: ou seja, o Direito penal é um direito de liberdade[243].

A liberdade, como direito e princípio, é, em si e por si, a fonte legitimadora e limitadora do Direito penal. Face a esta conceção, como é possível falar de Direito penal do inimigo? Esta conceção não admite quaisquer construções estigmatizantes do direito, quer de Direito penal do cidadão quer de Direito penal do inimigo, uma vez que uma conceção pressupõe a existência do outro e se auto estigmatizam.

Esta aceção de Direito penal não se afigura nem como Direito penal do cidadão nem com a de Direito penal do inimigo: é um Direito penal da humanidade. É um Direito penal como Direito de liberdade e não como Direito de necessidade e que obedece aos princípios reais da política criminal – legalidade, culpabilidade, humanidade e tratamento ou reinserção do delinquente[244] – e aos princípios regedores da intervenção do próprio Direito penal – *v. g.*, princípios da subsidiariedade, necessidade, indispensabilidade, proporcionalidade, da eficácia e da *ultima et extrema ratio*. Outra construção dogmática de Direito penal, adversa da que nos enraizamos, deslegitima a intervenção penal. A construção do Direito penal do inimigo é uma construção de deslegitimação jurídica, ôntico-antropológica e sociológica.

O valor da liberdade é o valor supremo a tutelar pela intervenção penal seja nacional, seja regional (europeia, americana e africana) seja transnacional. É na liberdade que reside a essência do ser como ser humano e a medula da dignidade da pessoa humana. O Direito penal deve ser o referencial máximo de valores comuns essenciais ao desenvolvimento harmonioso comunitário, dos quais se destaca o valor da liberdade. O Direito penal não é nem deve ser um Direito de necessidade, mas um Direito de liberdade.

---

[243] Neste sentido, JOSÉ DE FARIA COSTA. *Noções Fundamentais de Direito Penal*.... 4.ª Edição, p. 16: "A liberdade é um direito que se concretiza e densifica quando sobre ela e a partir dela somos capazes de aprofundar a nossa própria liberdade, me uma auto-reflexão da liberdade para a liberdade. E para essa auto-reflexão é pedra essencial o direito penal".

[244] Relembramos aqui a afirmação de RADBRUCH de que o "condenado deve regressar à liberdade não como desonrado, mas como livre da penitência". Cfr. GUSTAV RADBRUCH. *Introdução à Ciência*.... p. 113.

§4.º Do Direito penal do inimigo como negação do Direito penal

9. A função de equilíbrio do Direito penal como fonte de liberdade e de legitimação da restrição ou ingerência nos bens jurídicos do agente do crime não se compagina com a estrutura jurídico-filosófico-política da construção de um Direito penal do cidadão – que é um pleonasmo [porque todo o Direito é direitos dos cidadãos e porque todos são cidadãos] – nem com a de Direito penal do inimigo – que é a negação do Direito penal.

A tutela de bens jurídicos lesados ou colocados em perigo de lesão com a aplicação de uma pena gera segurança jurídica pela neutralização do alarme social do crime, mas não pode ser de tal modo desproporcionada sob pena de gerar um maior alarme social do que a não intervenção penal: ao carteirista ou *batedor de carteiras* não pode ser aplicada uma pena física de amputação da mão. A pena não pode ser germinadora de um sentimento de insegurança jurídica comunitária[245].

A função de diminuição dos polos antagónicos e de garantia de dupla tutela efetiva dos oximoros implica uma reflexão de apuramento se os pontos materiais e processuais penais lusos, brasileiros, germânicos e americanos de negação do Direito penal humanista, erigido pela teoria do garantismo democrático, estão a resvalar para uma diminuição drástica da condição da pessoa como ser dotado de direitos e deveres na comunidade. Importa aferir se o terrorismo se afirma como o gérmen da *esquizofrenia belicista* que se vive na Europa e no estado-unidense, assim como no Brasil e nos Estados de direito formal securitário e totalitário.

O *Direito penal do inimigo* assenta arraiais no quadro discursivo da existência pessoas que pela sua antijuridicidade permanente ou elevada danosidade da sua conduta são considerados como *seres nocivos* e *perigosos* à vigência da ordem jurídica tutelante e detentora do primado da paz jurídica e social. Estes «seres» são designados de *hostis judicatus* ou de delin-

---

[245] Nesta linha de pensamento, se pode ler EUGENIO RAÚL ZAFFARONI e JOSÉ HENRIQUE PIERANGELI. *Manual de Direito Penal...* – Vol. 1, p. 87.

O DIREITO PENAL DO INIMIGO COMO INVERSÃO DA IDEIA DE DIREITO PENAL

quente nocivo que coloca em causa a ordem e a tranquilidade públicas estatais pela sua incorrigibilidade e periculosidade[246].

Os teorizadores defensores da tese do inimigo do Estado – do inimigo da ordem jurídica –, cuja proteção do Estado e da sociedade passa pela intimidação e neutralização[247] preventiva da lesão ou do perigo de lesão, afirmam que a *sociedade de risco* vulnerabilizou as estruturas materiais e processuais penais construídas pelo garantismo e que os novos (velhos) perigos impõem uma resposta adequada a tutelar bens jurídicos fundamentais à coexistência livre humana.

O trampolim do belicismo penal para a ordem da discussão dogmática emerge de uma primeira intervenção de JAKOBS, em Frankfurt, em 1985, em que critica as reminiscências do Direito penal schmittiano na teoria da criminalização de atos prévios de lesão ao bem jurídico na Alemanha, considerando o Autor que se processava a uma deslegitimação do Direito penal[248]. Em Berlim, 1999, JAKOBS defende que o Direito penal do Estado de direito material e democrático não é capaz de prevenir e fazer frente a uma determinada criminalidade: criminalidade organizada, em especial o terrorismo. Os agentes dessa criminalidade, que ameaçam a sociedade liberal de um Estado liberal, devem ser tratados como «não-pessoas», como inimigos, como «coisa». Só mantêm o direito a serem tratadas como pessoas aquelas que tenham comportamento de pessoas, mesmo que delinquam[249].

Recorrendo a uma expressão escrita por ALDO CAPITINI, em 1937, no seu livro *Elementos de uma experiência religiosa*, quando foi brutalmente assassinado CARLO CASALEGNO pelas brigadas vermelhas, BOBBIO alerta-nos para o perigo de reduzirmos o ser humano a uma «coisa» e do sentimento anómico ou de desprezo

---

[246] Cfr. GÜNTHER JAKOBS. *Derecho Penal del Enemigo*. 2.ª Edição, pp. 15-17 e 23-27.

[247] Quanto a uma crítica à teoria da proteção do *Führer* e do Estado em detrimento do ser humano individualmente considerado contra os homens dissidentes do poder político instituído e do Direito penal autoritário soviético, aniquiladores das garantias do Estado de direito material, GUSTAV RADBRUCH. *Filosofia....* pp. 243-244.

[248] Quanto a este assunto, CORNELIUS PRITTWITZ. In: *La Política Criminal en Europa*. Directores SANTIAGO MIR PUIG e MIRENTXU CORCOY BIDASOLO e coordenador VÍCTOR GÓMEZ MARTÍN, Barcelona: Atelier, 2004, pp. 110-111.

[249] Cfr. CORNELIUS PRITTWITZ. Derecho Penal del Enemigo: Análisis Crítico o Programa del Derecho Penal?. In: *La Política Criminal....* p. 111.

pelo «outro»: «"Se os homens forem considerados como coisas, matá-los é um ruído, um objeto caído". Para os terroristas e para aqueles que os admiram, naquele dia, junto àquele portão, nada mais que um barulho, um objeto caído»[250]. Mas alertando-nos para o perigo do Estado, para prevenir e reprimir a criminalidade mais bárbara e hedionda – *v. g.*, o fenómeno do terrorismo –, cair no mesmo engodo de lógica de violência e de terrorismo de Estado como se a prevenção do crime fosse um ato de guerra ou bélico, porque "um Estado que se diz democrático não pode nunca considerar-se em guerra com seus cidadãos"[251].

A coisificação e a despersonalização da pessoa agente de uma infração criminal são a negação da pessoa, como membro ativo da comunidade e a consequente niilificação da sociedade pela descaracterização: reage à periculosidade e não à concreta probabilidade da ocorrência do facto. A teoria de que JAKOBS, com a sua construção jurídico-dogmática do Direito penal do inimigo, pretende evitar que o Direito penal de justiça ou clássico sofra com a erosão da dinâmica do Direito penal material e processual do terrorismo e demais criminalidade estruturada – 'organizada' – não tem o nosso acolhimento. Toda e qualquer opção jus dogmática que diminua o espaço e o tempo do Direito penal como função de equilíbrio entre os oximoros em confronto é a negação do próprio Direito.

10. A construção do Direito penal do inimigo não se esgota na conceção material do direito penal, mas reflete-se no Direito processual penal e no Direito penitenciário. Consideramos que a construção desta fenomenológica dogmática nega uma dogmática de Direito penal do inimigo e traz-nos para a discussão científica uma fenomenológica dogmática de um *sistema integral penal do inimigo*, porque é neste sistema que se enraíza o positivar da doutrinação belicista do Direito penal.

A nossa conceção não desconhece, nem pretende menosprezar o papel da **política criminal belicista**, instalada por vários Estados: *v. g.*, o estado-unidense com a aprovação do *Patriot Act*. Pretendemos dizer que

---

[250] Cfr. NORBERTO BOBBIO. *As Ideologias e o Poder em Crise*. Tradução de JOÃO FERREIRA e Revisão técnica de GILSON CESAR CARDOSO. 4.ª Edição, Brasília: Editora da UNB, 1999, p. 113.
[251] Cfr. NORBERTO BOBBIO. *As Ideologias e o Poder em Crise*. 4.ª Edição, p. 99.

O DIREITO PENAL DO INIMIGO COMO INVERSÃO DA IDEIA DE DIREITO PENAL

não obstante a construção dogmática de Direito penal do inimigo nos poder direcionar para a lógica fundante da «ciência conjunta universal do Direito penal» de von Liszt, pensamos que a problemática e fenomenológica dogmática só se coloca, e por enquanto, no âmbito do sistema integral do Direito penal.

No campo do **Direito penal material**, defende-se a *ampliação da criminalização* de condutas potencialmente perigosas e não factos e a *criminalização incide sobre o autor* e não sobre o *factum criminis* como polo de ação penal, assim como, não sendo o autor membro da comunidade, pode optar-se por *leis penais com ameaça punitiva de maior intensidade*.

No campo do **Direito penitenciário**, a *avaliação* jurídica do autor/condenado é realizada dentro dos *parâmetros da periculosidade* que a «não-pessoa» representa para a comunidade organizada e, nesta linha securitária e belicista, os *limites da punibilidade são aniquilados* a favor da segurança comunitária.

No plano do **Direito processual penal**, assiste-se a uma *ampliação da privação da liberdade sem condenação jurídico-criminal* sob a égide da perigosidade que o autor representa para toda a comunidade e de afetação à segurança, e à *objetivação do autor dos crimes*: nega-se a qualidade de sujeito processual e regressa-se à qualidade de objeto processual, negando--se todas as garantias processuais de que são portadores os demais autores de crimes do não catálogo dos inimigos.

11. Jakobs[252] considera que o Direito penal do cidadão é demasiado suave para defender a normatividade jurídico-criminal[253] – e por conseguinte a tutela de bens jurídicos – face aos riscos futuros e, que a opção passa por recorrer ao Direito penal do inimigo com a *ampliação da intervenção penal* para fazer cessar preventivamente as *fontes de perigo* e de *intimidação* da vivência em comunidade. Exige-se uma criminalização de

---

[252] Cfr. Günther Jakobs. *Derecho Penal del Enemigo*. 2.ª Edição, pp. 23-24.

[253] Günther Jakobs considera que a real função do Direito penal é a defesa da sociedade e que a finalidade da pena é a reposição da força jurídica da norma jurídico-criminal lesada ou colocada em perigo de lesão pela conduta humana negativa, sendo por esta via indireta que o Direito penal e a pena tutelam bens jurídicos. Cfr. Günther Jakobs. *Sobre la Normativización de la Dogmática Jurídico-Penal*. Tradução do alemão *Die Idee der Normativierung in der Strafrechtsdogmatik* de Manuel Cancio Meliá e Bernardo Feijóo Sánchez. Madrid: Thomson Civitas, pp. 59-60.

condutas caracterizadas por uma perigosidade abstrata e de afetação da segurança da sociedade: condutas prévias ao facto ou à efetiva lesão do bem jurídico.

Em Portugal, podemos apontar a ampliação da criminalização dos atos preparatórios – a punibilidade de 1 a 8 anos de prisão de atos preparatórios da constituição de uma organização ou associação terrorista, prevista no n.º 3 do art. 2.º da Lei n.º 52/2003, de 22 de Agosto, da Lei de Combate ao Terrorismo[254] – ou a criminalização do exercício irregular de uma atividade profissional dependente de autorização prévia da administração estatal [criminalização da atividade 'ilícita' de segurança privada[255]].

Na Alemanha, a ampliação da criminalização dos atos preparatórios ganhou espaço no âmbito dos crimes sexuais[256] e em crimes germinadores de paneonomia social: *v. g.*, § 129b do *StGB* que criminaliza a constituição de uma *organização terrorista* no estrangeiro; o § 86ª do *StGB* que criminaliza a *utilização pública de símbolos do nacional-socialismo* ou o § 130 parágrafo 3.º do *StGB* que criminaliza a *negação ou a aprovação do genocídio*. Na linha crítica da existência de **resquícios de Direito penal de autor** no ordenamento jurídico alemão, ROXIN aponta a qualificação da culpabilidade e da punibilidade criminal sempre que a comissão criminal derive da ação profissional ou habitual: §§ 260, 292 III, 302 a II 2, n.º 2 do *StGB*[257].

No Brasil, podemos apontar a lei dos *crimes hediondos*[258] como um exemplo de Direito penal do inimigo quando estipula que os autores de cri-

---

[254] A Lei n.º 52/2003, de 22 de Agosto, que aprova a *lei de combate ao terrorismo*, transpôs para a ordem jurídica interna portuguesa a Decisão Quadro n.º 2002/475/JAI, do Conselho, de 13 de Junho, que determina aos Estados-membros da União Europeia a obrigatoriedade de tomarem medidas preventivas policiais e jurídico-criminais para a prevenção e "*combate*" - repressão - do terrorismo.

[255] Cfr. 32.º-A do Regime Jurídico da Segurança Privada (RJSP), aprovado pelo DL n.º 35/2004, de 21 de Fevereiro, alterado pelo DL n.º 198/2005, de 10 de Novembro, e pela Lei n.º 38/2008, de 8 de Agosto.

[256] Quanto a este assunto, TATJANA HÖRNLE. "Dimensiones Descriptivas y Normativas...". In *Derecho Penal del Enemigo.... Vol. 2, p. 58. Desde já afirmamos a nossa discordância com a tese deste Autor quanto a criminalização de condutas como a indução pela escrita ou pela oferta por vai de internet e via correio de bens de crianças para práticas sexuais não são situações exclusivas de constituírem a figura de atos preparatórios, não são uma prévia intervenção penal à lesão, porque essas condutas já lesam o bem jurídico da *liberdade de autodeterminação sexual*. Cfr. §§ 176.4 n.º 3 e 11.3 do *StGB*.

[257] Quanto a este assunto, CLAUS ROXIN. *Derecho Penal....* p. 185.

[258] Cfr. Lei 8.072 de 25 de Julho de 1990.

mes hediondos, de tortura, de tráfico ilícito de entorpecentes e de drogas afins e de terrorismo *não beneficiam de amnistia, de graça, de indulto e de fiança.* Estes delinquentes ou condenados não beneficiam dos mesmos direitos dos demais presos. Há uma despersonalização da pessoa face à presumível perigosidade. A censurabilidade é de tal modo elevada que os agentes desses factos hediondos não podem beneficiar dos direitos, liberdades e garantias fundamentais processuais como os demais presos: são presos despersonalizados.

Quanto à responsabilidade pelo autor e a negação da responsabilidade pelo facto praticado por uma pessoa, com fundamento na periculosidade do autor, Maurach e Zipf[259] defendem que é uma mera profilaxia e a negação da culpabilidade pela prática de um *factum criminis* como fundamento e limite da responsabilidade penal com aplicação de uma pena: "o fundamento jurídico da pena não é a prognoses, mas exclusivamente o crime cometido, o que representa a evidente expressão da vontade contrária à comunidade" e é esta "oposição à comunidade, esta inimizade do agente para com o direito, que se materializa em um facto criminal e com ele se relaciona" que constitui a culpabilidade.

A opção por *leis penais com ameaça punitiva de maior intensidade* é um marco indomável em todos os países sempre as estatísticas demonstram um aumento significativo de determinados fenómenos criminais – *p. e.*, tráfico de drogas, tráfico de seres humanos, exploração sexual de mulheres e de crianças, branqueamento de bens, corrupção – ou sempre que aumenta o alarme social promovido pela imprensa como se vivêssemos em plena «estado de guerra» – *p. e.*, aumento dos crimes de furtos e de roubo ou de ofensa à integridade física e, até mesmo, das condutas ditas de incivilidade. Esta constatação legitima o discurso político e legislativo, sem fundamento científico, discurso «*populista*» e de «*palpiteiro*» na defesa do aumento exacerbado das penas como solução do problema e, para fazer diminuir a insegurança cognitiva, apela às teorias sociológicas e securitárias da janela partida – *Broken windows* –, do movimento de lei e

---

[259] Cfr. Reinhart Maurach e Hans Zipf. *Derecho Penal...* - 1, p. 80.

ordem – *law and order* – e da reação social das instâncias formais de controlo – *labeling approach*[260].

Podemos, ainda, aditar o não recurso pela jurisdição – tribunal – à causa de atenuação da pena por diminuição psíquica momentânea provocada pela ingerência de álcool e de drogas na prática de delitos de bagatela por o elemento *periculosidade* pesar na decisão de condenação e de expurgação e localização, durante algum tempo, do autor perigoso.

A culpabilidade (ou censurabilidade) pressupõe que o delinquente detenha capacidade de compreensão e de liberdade de decisão e de ação – de culpabilidade – para a prática do delito. Se o tribunal nega ao autor perigoso a atenuação da pena com o fundamento na perigosidade do mesmo e não no juízo jurídico de culpabilidade como fundamento e limite da pena, poder-se-á levantar a questão da negação do próprio princípio da culpabilidade como princípio real da política criminal e princípio reitor da interpretação e aplicação do Direito penal[261].

No **Direito penitenciário**, como acima referimos, a *avaliação* jurídica do autor/condenado é realizada dentro dos *parâmetros da periculosidade* que a «não-pessoa» representa para a comunidade organizada e, nesta linha securitária e belicista, os *limites da punibilidade são aniquilados* a favor da segurança comunidade. A *periculosidade* e a *segurança* sacralizaram-se como pilares de prevenção e de repressão criminal e da afirmação do normativismo como fonte de defesa da sociedade e da paz pública. Como exemplo desta aceção da periculosidade no seio penitenciário, podemos apontar as selas de isolamento e a permanência nas selas de isolamento por decisão administrativa.

---

[260] Quanto a um resumo sistemático fundamentado das teorias *broken windows* e *law and order*, Rafael Braude Canterji. *Política Criminal e Direitos Humanos*. Porto Alegre: Livraria do Advogado, 2008, pp. 44-49. Quanto à teoria *labeling approach*, Alessandro Baratta. *Criminologia Crítica e Crítica do Direito Penal. Introdução à Sociologia do Direito Penal*. Tradução de Juarez Cirino dos Santos. 3.ª Edição, Rio de Janeiro: Editora Revan, 2002, pp. 85-116. Quanto a estes programas de reação social que implica uma intervenção forte da polícia e a exigência de tribunais que atuem como puras e únicas instâncias educativas sociais, em plena inversão da razão de ser do tribunal, Myron Magnet (Org.). *Paradigma Urbano. As Cidades do novo Milénio*. Tradução de José Rafael Paracana e Victor Antunes. Lisboa: Quetzal Editores, 2001.

[261] Neste sentido, Tatjana Hörnle. Dimensiones Descriptivas y Normativas.... In: *Derecho Penal del Enemigo....* Vol. 2, pp. 62-63.

O DIREITO PENAL DO INIMIGO COMO INVERSÃO DA IDEIA DE DIREITO PENAL

A privação da liberdade mínima, admitida em uma pena de prisão efetiva, é reduzida ao seu mínimo campo espacial e ao mínimo campo ético-jurídico. O preso deixa de ser pessoa. Esta aceção viola as constituições democráticas e os diplomas internacionais que inscrevem que nenhum preso pode ver-se privado dos seus direitos civis, políticos e sociais cuja restrição não seja inerente à própria privação da liberdade. Poder-se-á, como exemplo de Direito penitenciário do inimigo, apontar o regime diferenciado aplicado aos presos altamente perigosos – como o líder do PCC –, cuja decisão não carece de fiscalização prévia da autoridade judicial: juiz[262].

No plano do **Direito processual penal**, assiste-se a uma ***ampliação da privação da liberdade sem condenação jurídico-criminal*** sob a égide da perigosidade que o autor representa para toda a comunidade e de afetação à segurança: *v. g.*, a prisão temporária, no Brasil[263], ou, em Portugal, a admissibilidade da prisão preventiva com fundamento no perigo da continuidade da atividade criminosa [art. 202.º do CPP][264], ou a admissibilidade da detenção fora do flagrante delito pelas Autoridades de Polícia Criminal quando existe ou devia existir um tribunal de turno em funcionamento [n.º 2 do art. 257.º do CPP], ou a aplicação de medidas de segurança policial aos seres humanos (indivíduos) potencialmente perigosos por motivos de doença do foro psicológico [Lei de Saúde Mental] quando o tribunal de turno devia *ab initio* assumir essa responsabilidade. Esta tese promove a ***objetivação do autor dos crimes***: nega a qualidade de sujeito processual e regressa-se à qualidade de objeto processual, negando-se todas as garantias processuais de que são portadores os demais autores de crimes do não catálogo dos inimigos.

Em Portugal, podemos identificar a diminuição das garantias da pessoa suspeita da prática de *crimes especialmente violentos* ou de *criminalidade altamente organizada, incluindo o terrorismo, o tráfico de pessoas, de armas e de*

---

[262] O Regime Disciplinar Diferenciado foi objeto da Lei nº 10.792 brasileira que alterou a Lei de Execuções Penais e o Código de Processo Penal. A polémica acendeu-se com a decisão paulista, sobre a legalidade do RDD, apenas amparado em Resolução (nº 26/2.001), da Secretaria da Administração penitenciária, aplicada ao chefe do PCC da prisão de São Paulo, cuja discussão da inconstitucionalidade ou não da lei tem sido motivo de grande discussão jurídico-dogmática.

[263] Cfr. a Lei 7.960 de 21 de Dezembro de 1989.

[264] Vejam-se as alterações operadas pela Lei n.º 26/2010, de 30 de agosto, ao artigo 202.º do CPP português, ampliando as situações fático-jurídicas de admissibilidade da medida de coação prisão preventiva, como resposta a um clamor social impulsionado pela imprensa.

DIREITO PENAL DO INIMIGO E O TERRORISMO

estupefacientes na tutela jurídico-constitucional da inviolabilidade de domicílio e do direito à reserva da intimidade da vida privada e familiar com a alteração do n.º 3 do art. 34.º da CRP[265] que permite proceder a buscas em flagrante delito ou com autorização judicial no domicílio daquela (pessoa). Esta alteração restritiva de direitos, liberdades e garantias fundamentais pessoais tem como fundamento a tese da grande *danosidade* e *periculosidade* dos agentes daqueles crimes e da *impossibilidade de prevenção* e de *repressão criminal* – obtenção de prova real criminal por outro meio menos oneroso.

Como agravante, a Reforma Processual Penal de 2007, em uma lógica de criar o maior nível de segurança ou um maior nível cognitivo de segurança, adotou e aprovou a possibilidade das polícias criminais – Autoridades de Polícia Criminal e Órgãos de Polícia Criminal[266] – efetuarem *buscas domiciliárias* quando em causa estejam crimes punidos com pena de prisão superior a três (3) anos[267], ultrapassando de forma escancarada a autorização catalogar constitucional da criminalidade mais grave: punida com pena de prisão superior a 5 anos[268].

A teoria do perigo para a vida e para a integridade física foi o fundamento para admitir a *localização celular*[269] de pessoas – vítimas ou suspeitos – por parte da polícia, enquadrando esta medida como medida cautelar e de polícia, quando a polícia atua, neste caso, em puro estado de necessidade de intervenção do Estado: causa de justificação supra legal[270].

§5.º Terrorismo como gérmen da esquizofrenia belicista: síntese

12. No estado-unidense, para a prevenção e "combate" ao terrorismo, foi aprovado o *Patriot Act* que consagra a desedificação da pessoa como sujeito de direitos e de deveres em prol da descoberta da verdade e da implemen-

---

[265] A alteração foi operada pela revisão constitucional de 2001 e pela Lei Constitucional n.º 1/2001, de 13 de Dezembro.

[266] Quanto a uma visão formal e material das polícias criminais – órgãos de polícia criminal e autoridades de polícia criminal –, MANUEL M. GUEDES VALENTE. *Teoria Geral do Direito....* 4.ª Edição, pp. 65-74.

[267] Cfr. n.º 3 e al. *c*) do n.º 3 do art. 177.º do CPPP.

[268] Cfr. als. *h*) a *m*) do art. 1.º do CPPP. Quanto a esta discussão, MANUEL M. GUEDES VALENTE. *Processo Penal* – Tomo I. 3.ª Edição, pp. 410-416.

[269] Cfr. art. 252.º-A do CPPP.

[270] Quanto a este assunto, MANUEL M. GUEDES VALENTE. *Processo Penal* – Tomo I. 3.ª Edição, pp. 309-310 e 495-501 e *Teoria Geral do Direito Policial*. 4.ª Edição, pp. 334-340.

O DIREITO PENAL DO INIMIGO COMO INVERSÃO DA IDEIA DE DIREITO PENAL

tação da paz pública americana: admite a tortura[271], a privação ilimitada da liberdade sem decisão judicial ou culpa formada, supressão de todas e quaisquer garantias processuais penais, criação de tribunais especiais militares para questões de crime, cancelamento do *habeas corpus* e a violação de todos os direitos, liberdades e garantias com fundamento na «guerra ao terrorismo»[272].

Se estamos em guerra não se aplica o Direito penal, mas a Convenção de Genebra, que tutela a vida e a integridade física e demais direitos elementares de subsistência dos prisioneiros de guerra. A esquizofrenia belicista emergente do terrorismo, germinadora do Direito penal do inimigo ou bélico, promove a construção de uma lógica matemática de olhar o «outro» como inimigo e assenta a prevenção nas teorias da *perigosidade ou periculosidade* (P) e da *segurança* (S) construtoras da dinâmica do normativismo (N) societário schmittiano e jakobsiano:

$$P + S = N$$

---

[271] Quanto à tortura como uma *crueldade* e *infame crisol da verdade*, CESARE BECCARIA. *Dos Delitos....*, pp. 92-99: "Este infame crisol da verdade é um monumento ainda vivo da antiga e selvagem legislação, quando eram chamados de juízes de Deus as provas do fogo e da água fervente e a incerta sorte das armas, como se os anéis da cadeia eterna, que está no seio da causa primeira, devessem a todo o passo ser desordenados e separados pelas frívolas instituições humanas. (...)
O interrogatório de um réu é feito para conhecer a verdade, mas se é difícil descobrir esta verdade pelo ar, pelo gesto, pela fisionomia de um homem tranquilo, muito menos se descobrirá num homem no qual as convulsões de dor alteram os sinais através dos quais na maior parte dos homens transparece por vezes, mau grado seu, a verdade. Cada acção violenta confunde e faz desaparecer as diferenças subtis dos objectos pelas quais se distingue por vezes o verdadeiro do falso.
(...)
A tortura não é considerada necessária pelas leis dos exércitos, constituídos na sua maior parte pela escória das nações, e que por isso mesmo pareceria deverem servir-se dela mais que qualquer outra casta. Estranha coisa, para quem não considera quão grande é a tirania do uso, que as leis pacíficas devam aprender das almas endurecidas pelos massacres e pelo sangue o mais humano método de julgar" (pp. 95 e 96-97).
[272] Quanto a este assunto e com uma crítica científica demolidora da tese da prevenção e repressão ao terrorismo com linhas filosófico-políticas schmittianas, LUIGI FERRAJOLI. *Democracia....* pp. 237-243. Para uma acepção de direitos, liberdades e garantias fundamentais pessoais como limite à recolha e produção de prova, MANUEL M. GUEDES VALENTE. *Prova Penal. Estado Democrático de Direito.* Coautoria com Geraldo Prado, Nereu Giacomolli e Edson Damas da Cunha. Lisboa/Santa Catarina: Rei dos Livros/Empório do Direito, 2015, pp. 125-150.

DIREITO PENAL DO INIMIGO E O TERRORISMO

Mas se estamos no quadro da prevenção dos crimes da tipologia terrorismo aplica-se o Direito penal material e processual dotado de todas as garantias jus constitucionais e legais. Os suspeitos de crimes de terrorismo são pessoas – seres humanos – e têm de ser tratados como seres humanos dotados de igualdade em dignidade.

Podemos avançar que o fenómeno do terrorismo serviu de base para a implementação de uma *esquizofrenia belicista* do sistema integral penal, gerando a tese da criação de um Direito penal do inimigo com amarras schmittiana e heideggeriana, que consideramos ser mais a implementação de um **sistema integral penal do inimigo** devido à desorganizada e desorientada (ou inexistente) política criminal, que coloque no centro da discussão jurídico-científica o rosto dos seres humanos.

O Direito penal de um Estado de direito material social democrático assenta na dignidade da pessoa humana, como Brasil e Portugal, e não se identifica com qualquer qualificação dogmática geradora da negação do ser humano como pessoa, mas com uma qualificação dogmática de Direito penal da humanidade[273]: é um Direito penal do ser humano.

Só podemos ter um Direito penal do ser humano se desenharmos e defendermos um sistema integral do ser humano assente na política criminal que identifica o se e diz o como da dogmática jurídico criminal que deve assumir-se como garantia efetiva da dignidade da pessoa humana.

Fontes: AGAMBEN, Giorgio. *Estado de Exceção*. Tradução do italiano *Stato di Eccezione* de Iraci Poleti. São Paulo: Boitempo Editorial, 2004. ANDRADE, Manuel da Costa. A 'dignidade penal' e a 'carência de tutela penal' como referência de uma doutrina teleológica. In: *Revista Portuguesa de Ciências Criminais*. Ano II, Fasc. 2, 1992. Sobre o regime processual penal das escutas telefónicas. In: *Revista Portuguesa de Ciências Criminais*. Ano I, Fasc. 3, Julho-Setembro, 1991. ARENDT, Hannah. *As Origens do Totalitarismo*. Tradução de Roberto Raposo. Lisboa: Dom Quixote, 2008. BACILA, Carlos Roberto. *Estigmas. Um Estudo sobre os Preconceitos*. 2.ª Edição, Rio de Janeiro: Lumen Juris, 2008. BARATTA,

---

[273] É assim que entendemos, na linha de Tzitzis, o humanismo pós-moderno que assenta na «protecção da humanidade do homem considerado individualmente ou colectecivamente, contra ameaças que o cercam», podendo essas ameaças se manifestar no «perigo da supressão desta humanidade ou no atentado à sua integridade, mas ainda o tratamento desigual do "eu" em relação aos outros, ou até a mortificação do "eu" pelos outros». Cfr. Stamatios Tzitzis. *Filosofia Penal*. Tradução de Mario Ferreira Monte. Aveiro: Legis Editora, 1999, p. 86.

Alessandro. *Criminologia Crítica e Crítica do Direito Penal. Introdução à Sociologia do Direito Penal*. Tradução de Juarez Cirino dos Santos. 3.ª Edição, Rio de Janeiro: Editora Revan, 2002. BECCARIA, Cesare. *Dos Delitos e das Penas*. Tradução do italiano *Dei Delitti e Della Pene* de José de Faria Costa. 3.ª Edição. Lisboa: Fundação Calouste Gulbenkian, 1998. BITENCOURT, Cezar Roberto. *Tratado de Direito Penal. Parte Geral 1.* 14.ª Edição, São Paulo: Editora Saraiva, 2009. BOBBIO, Norberto. *As Ideologias e o Poder em Crise*. Tradução de João Ferreira e Revisão técnica de Gilson Cesar Cardoso. 4.ª Edição, Brasília: Editora da UNB, 1999. BUSATO, Paulo César. *Uma Análise Negativa do Conceito de Ação em Direito Penal a Partir da Filosofia da Linguagem*. Rio de Janeiro: Lumen Juris, 2005. CANOTILHO, J. J. Gomes e MOREIRA, Vital. *Constituição da República Portuguesa Anotada* – Vol. 1. 4.ª Edição, Coimbra: Coimbra Editora, 2008. CANOTILHO, J. J. Gomes. *Direito Constitucional e Teoria da Constituição*. 7.ª Edição, Coimbra: Coimbra Editora, 2003; Terrorismo e Direitos Fundamentais. In: *Criminalidade Organizada e Criminalidade de Massa. Interferências e Ingerências Mútuas*. Coordenação de M. M. Guedes Valente. Coimbra: Almedina, 2009. CANTERJI, Rafael Braude. *Política Criminal e Direitos Humanos*. Porto Alegre: Livraria do Advogado, 2008. CARBONELL MATEU, Juan Carlos. *Derecho Penal Concepto y Princípios Constitucionales*. 3.ª Edição, Valencia: Tirant lo Blanch, 1999. COSTA, José de Faria. *Noções Fundamentais de Direito Penal (Fragmenta iuris poenalis)*. 4ª Edição. Coimbra: Coimbra Editora, 2015. DIAS, Augusto Silva. De que Direito Penal precisamos nós Europeus? Um olhar sobre algumas propostas recentes de constituição de um direito penal comunitário. In: *Revista Portuguesa de Ciências Criminais*. Coimbra: Coimbra Editora, 2004, Ano 14, n.º 3. DIAS, Jorge de Figueiredo e ANDRADE, Manuel da Costa. *Criminologia. O Homem Delinquente e a Sociedade Criminógena*. 2.ª Reimpressão Coimbra: Coimbra Editora, 1997. DIAS, Jorge de Figueiredo. *Direito Penal Português – As Consequências Jurídicas do Crime*. Lisboa: Editorial Notícias, 1993; *Direito Processual Penal*. Lições policociadas coligidas por Maria João Antunes. Coimbra, 1988-9. ESER, Albin. Una Justicia Penal «a la Medida del Ser Humano» en la Época de la Europeización y la Globalización. In: *Modernas Tendencias en la Ciencia del Derecho Penal y en la Criminología*. Tradução de Teresa Manso Porto. Madrid: UNED, 2001. FERRAJOLI, Luigi. *Democracia y Garantismo*. Tradução do italiano de VVAA. Madrid: Editorial Trotta, 2008; *Derecho y Razon. Teoría del Garantismo Penal*. Tradução do italiano *Diritto e Ragione. Teoria del Garantismo Penale* de Perfecto Andrés Ibáñez et Allii. 5.ª Edição, Madrid: Trotta, 2005. GARÓFALO, Rafael. *Criminologia. Estudo sobre o Delicto e a Repressão Penal*. 4.ª Edição. Lisboa: Livraria Clássica Editora,

1925. GIL, José Afonso. *O Estado de Excepção na Teoria Política Internacional*. Bond. Books on Demand, 2010. GOLDING, Martin. *Filosofia e Teoria do Direito*. Porto Alegre: Sérgio Fabris Editor, 2010. GÜNTHER, Klaus. *Teoria da Responsabilidade no Estado de Direito Democrático de Direito*. Tradução de Flávia Portella Püschel e Marta Rodriguez de Assis Machado. São Paulo: Editora Saraiva, 2009. HASSEMER, Winfried. *A Segurança Pública no Estado de Direito*. Tradução do alemão *Innere Sicherheit im Rechtsstaat* de Carlos Eduardo Vasconcelos. Lisboa: AAFDL, 1995. HÖRNLE, Tatjana. Dimensiones Descritivas y Normativas del Concepto de "Derecho Penal del Enemigo". In: *Derecho Penal del Enemigo. El Discurso Penal de la Exclusión* – Vol. 2. Coord. M. Cancio Meliá e Gómez-Jara Díez. Tradução do alemão de Manuel Cancio Meliá. Madrid/Buenos Aires/Montevideo: EDisofer S. L./B de f Ltda., 2006. JAKOBS, Günther. *Sobre la Normativización de la Dogmática Jurídico-Penal*. Tradução do alemão *Die Idee der Normativierung in der Strafrechtsdogmatik* de Manuel Cancio Meliá e Bernardo Feijóo Sánchez. Madrid: Thomson Civitas, 2003. JESCHECK, Hans-Heinrich e WEIGEND, Thomas. *Tratado de Derecho Penal. Parte General*. Tradução do alemão *Lehrbuch des Strafrechts: All. Teil* de Miguel Olmedo Cardente. 5.ª Edição, Granada: Editorial Comares, 2002, pp. 136 e 137. KRIELE, Martin. *Introdução à Teoria do Estado. Os Fundamentos históricos da legitimidade do Estado Constitucional Democrático*. Tradução do alemão *Einführung in die StaatslehreDie geschichtlichen Legitimitätsgrundlagen dês demokratischen Verfassungsstaates* de Urbano Carvelli. Porto Alegre: Sérgio Fabris Editor, 2009. LISZT, Franz von. *Tratado de Direito Penal Alemão* – Tomo I. Tradução do alemão *Lehrbuch des Deutschen Strafrechts* de José Hygino Duarte Pereira. Brasília: Senado Federal, Conselho Editorial: Supremo Tribunal de Justiça, 2006. LOCKE, John. *Dois Tratados do Governo Civil*. Tradução do inglês *Two Treatises on Government* de Miguel Morgado e revisão de Luís Abel Ferreira. Lisboa: Edições 70, 2006. LOURENÇO, Eduardo. *O Esplendor do Caos*. 2.ª Edição, Lisboa: Gradiva, 1999; Uma Europa de nações ou os dentes de Cadmo. In: *Portugal e a Construção Europeia*. Organização de Maria Manuela Tavares Ribeiro, António Moreira Barbosa de Melo e Manuel Carlos Lopes Porto. Coimbra: Almedina, 2003. MAGNET, Myron (Org.). *Paradigma Urbano. As Cidades do novo Milénio*. Tradução de José Rafael Paracana e Victor Antunes. Lisboa: Quetzal Editores, 2001. MAURACH, Reinhart e ZIPF, Heins. *Derecho Penal. Parte General. Teoria General del derecho penal y estructura del hecho punible* – 1. Tradução da 7.ª Edição do alemão *Strafrecht Allgemeiner Teil. Teilband 1, Grundlehren des Strafrechts und Aufbau der Straftat* de Jorge Bofill Genzsch e Enrique Aimone Gibson. Buenos Aires: Editorial Astrea de Alfredo y

RICARDO DEPALMA, 1994. MIRANDA, JORGE e MEDEIROS, RUI (Org.), *Constituição Portuguesa Anotada* – Tomo I. Coimbra: Coimbra Editora, 2005. MONTE, MÁRIO FERREIRA. *O Direito Penal Europeu de "Roma" a "Lisboa" – Subsídios para a Sua Legitimação.* Lisboa: Quid Juris, 2009. MONTESQUIEU. *O Espírito das Leis.* Tradução de CRISTINA MURACHCO. São Paulo: Martins Fontes, 2005. PRITTWITZ, CORNELIUS. Derecho Penal del Enemigo: Análises Crítico o Programa del Derecho Penal?. In: *La Política Criminal en Europa.* Directores SANTIAGO MIR PUIG e MIRENTXU CORCOY BIDASOLO e coordenador VÍCTOR GÓMEZ MARTÍN. Barcelona: Atelier, 2004. RADBRUCH, GUSTAV. *Filosofia do Direito.* Tradução do alemão *Rechtsphilosophie* de MARLENE HOLZHAUSEN e Revisão técnica de SÉRGIO SÉRVULO DA CUNHA. São Paulo: Martins Fontes, 2004; *Introdução à Ciência do Direito.* Tradução do alemão do alemão *Einführung in die Rechtswissenschaft* de VERA BARKOW e Revisão técnica de SÉRGIO SÉRVULO DA CUNHA. São Paulo: Martins Fontes, 1999. RIBEIRO, AQUILINO. *Cinco Reis de Gente.* Lisboa: Bertrand Editora, 1984. RODRIGUES, ANABELA MIRANDA. *A Determinação da Medida da Pena Privativa da Liberdade.* Coimbra: Coimbra, 1995; Política criminal – Novos Desafios, Velhos Rumos. In: *Liber Discipulorum* JORGE DE FIGUEIREDO DIAS. Org. MANUEL DA COSTA ANDRADE, JOSÉ DE FARIA COSTA, ANABELA MIRANDA RODRIGUES e MARIA JOÃO ANTUNES, Coimbra: Coimbra Editora, 2003. ROXIN, CLAUS. *Derecho penal. Parte General.* Tomo I. *Fundamentos, La Estructura de la Teoría del Delito.* Tradução do alemão *Strafrecht. Allgemeiner Teil, Band I: Grundlagen. Der Aufbau der Verbrechenslehre* (2ª edição) de DIEGO-MANUEL LUZÓN PEÑA, MIGUEL DÍAZ Y GARCÍA CONLLEDO e JAVIER DE VICENTE REMESAL. Madrid: Civitas, 1999; *Política Criminal y Sistema del Derecho Penal.* Tradução de FRANCISCO MUÑOZ CONDE. 2.ª Edição, Buenos Aires: Hammurabi, 2002. SILVA, JOSÉ AFONSO. *Comentário Contextual à Constituição.* 6.ª Edição, São Paulo: Malheiros Editores Ltda., 2009. TOCQUEVILLE, ALEXIS DE. *Da Democracia na América.* Tradução de CARLOS CORREIA MONTEIRO DE OLIVEIRA. Cascais: Principia, 2002. TZITZIS, STAMATIOS. *Filosofia Penal.* Tradução de MARIO FERREIRA MONTE. Aveiro: Legis Editora, 1999. VALENTE, MANUEL M. GUEDES. *Conhecimentos Fortuitos. A Busca de um Equilíbrio Apuleiano.* Coimbra: Almedina, 2006. VALENTE, MANUEL M. GUEDES. *Consumo de Drogas. Reflexões Sobre o Quadro Legal.* 4.ª Edição, Coimbra: Almedina, 2014; *Teoria Geral do Direito Policial.* 4ª Edição, Coimbra: Almedina, 2014; *Do Mandado de Detenção Europeu.* Coimbra: Almedina, 2006; *Processo Penal* – Tomo I, 3.ª Edição. Coimbra: Almedina, 2010; *Do Ministério Público e da Polícia. Prevenção Criminal e Acção penal como Execução de uma Política Criminal do Ser Humano.* Lisboa: UCE, 2013, pp. 308-309. *Prova Penal. Estado Democrático de Direito.*

Coautoria com GERALDO PRADO, NEREU GIACOMOLLI E EDSON DAMAS DA CUNHA. Lisboa/Santa Catarina: Rei dos Livros/Empório do Direito, 2015. ZAFFARONI, EUGENIO RAÚL e PIERANGELI, JOSÉ HENRIQUE. *Manual de Direito Penal Brasileiro* V. 1 – *Parte Geral*. 7.ª Edição Revista e Atualizada. São Paulo: Editora Revista dos Tribunais LTDA., 2008. ZAFFARONI, EUGENIO RAÚL. *Em Busca das Penas Perdidas. A perda de legitimidade do sistema penal.* Tradução do espanhol *En busca de las penas perdidas* de VÂNIA ROMANO PEDROSA e AMIR LOPES DA CONCEIÇÃO. 5.ª Edição. Rio de janeiro: Editora Revan, 2001; *O inimigo no Direito Penal.* Tradução do espanhol *El enemigo en Derecho penal* de SÉRGIO LAMARÃO. 2.ª Edição. Rio de Janeiro: Revan, 2007. ZIPPELIUS, REINHOLD. *Teoria Geral do Estado.* Tradução do alemão *Allgemeine Staatslehre* de KARIN PRAEFKE-AIRES COUTINHO e Coordenação de GOMES CANOTILHO. 3.ª Edição. Lisboa: Fundação da Calouste Gulbenkian, 1998.

Conclusão

A dignidade da pessoa humana foi e é o fundamento e a razão de responsabilizar a fraticidade propulsionada pelo nazismo – que incrementou o Direito penal de autor – e desmitificou a ideia de que em Direito penal não existem inimigos, mas pessoas: seres humanos.

Neste sentido, consideramos que a política criminal no âmbito do terrorismo tem de voltar a refletir sobre se o fenómeno do terrorismo é um fenómeno jurídico-criminal ou se deve ser enquadrado dentro do Direito da guerra, uma vez que os crimes emergentes do terrorismo já se encontram tipificados como ilícitos gravemente punidos nas legislações penais da maior parte dos Estados.

A política criminal, que dota o Direito penal do *se* e do *como* da intervenção penal por meio das valorações/proposições jurídico-constitucionais, como ciência imbuída em vetores e princípios como o da legalidade constitucional ou do Estado de direito democrático, da culpabilidade, da humanidade e da ressocialização do delinquente, não pode deixar-se embrulhar em uma lógica de punibilidade por exigências de leão americano ferido, mas deve ser uma verdadeira ciência que estuda o fenómeno e fundamenta a sua inserção ou deserção da legislação penal.

O Direito penal do ser humano construído sob a égide de uma política criminal humanista deve promover a prevenção do terrorismo, mas dentro dos comandos e ditames constitucionais de um Estado de direito e democrático, deve apresentar ao «Direito penal global» as valorações e proposições jus constitucionais edificadoras do ser humano e não delatoras da nossa mais nobre riqueza: a humanidade.

Que a nossa memória não seja curta.

Referências

AGAMBEN, Giorgio. *Estado de Exceção.* Tradução do italiano *Stato di Eccezione* de Iraci Poleti. São Paulo: Boitempo Editorial, 2004.

_____. *Meios sem Fim.* Notas sobre Política. Tradução do italiano *Mezzi senza fine: note sulla politica* de Davi Pessoa Carneiro. Belo Horizonte: Autêntica EDitora, 2015.

ALLER, Germán. El Derecho Penal del Enemigo y la Sociedad del Conflito. In: *Derecho Penal del Enemigo.* Coordenadores Manuel Cancio Meliá e Carlos Gómez-Jara Díez. Madrid: Edisofer S.L. e Buenos Aires/Montevideo: B de F Ltda., 2006.

ALMEIDA, Luís Nunes. Tolerância, Constituição e Direito Penal. In: *Revista Portuguesa de Ciências Criminais.* Coimbra: Coimbra Editora, Ano 13, n.º 2, 2003.

AMARAL, Diogo Freitas do. *Do 11 de Setembro à Crise do Iraque.* 5.ª Edição. Lisboa: Bertrand Editora, 2003.

AMBOS, Kai. Derecho Penal del Enemigo. In. *Derecho Penal del Enemigo.* Coordenadores Manuel Cancio Meliá e Carlos Gómez-Jara Díez. Tradução do alemão de Carlos Gómez-Jara Díez. Madrid: Edisofer S.L. e Buenos Aires/Montevideo: B de F Ltda., 2006.

ANDRADE, Carlos Drumond. *Antologia Poética.* Rio de Janeiro/São Paulo: Editora Record, 2009.

ANDRADE, Manuel da Costa. Sobre o regime processual penal das escutas telefónicas. In: *Revista Portuguesa de Ciências Criminais.* Lisboa: Editorial Notícias, Ano I, Fasc. 3, Julho-Setembro, 1991.

_____. A 'dignidade penal' e a 'carência de tutela penal' como referência de uma doutrina teleológica. In: *Revista Portuguesa de Ciências Criminais.* Lisboa: Editorial Notícias, Ano II, Fasc. 2, 1992.

AQUINO, S. Tomás de. *Tratado da Justiça.* Retirado da *Summa Theológica* e Tradução do latim de Fernando Couto. Porto: Resjurídica.

ARENDT, Hannah. *As Origens do Totalitarismo.* Tradução de Roberto Raposo. 3.ª Edição. Lisboa: Dom Quixote, 2008.

BACILA, Carlos Roberto. *Estigmas. Um Estudo sobre os Preconceitos.* Rio de Janeiro: Lumen Juris Editora, 2008.

BARATTA, Alessandro. *Criminologia Crítica e Crítica do Direito Penal. Introdução à Sociologia do Direito Penal.* Tradução de Juarez Cirino dos Santos. 3.ª Edição. Rio de Janeiro: Editora Revan, 2002.

BECCARIA, Cesare. *Dos Delitos e das Penas*. Tradução de José de Faria Costa. 3.ª Edição. Lisboa: Fundação Calouste Gulbenkian, 1998.

BELLIDO, Antonio Melero (Compilador). *Sofistas. Testimonios y fragmentos*. Madrid: Editora Gredos, 1996.

BERCOVICI, Filberto. "Carl Schmitt e a Tentativa de uma Revoluição Conservadora". *O Pensamento Alemão no Século XXX – Volume 1*. Org. de Jorge de Almeida e Wolfgang Bader. São Paulo: Cosac Naify, 2013.

BECK, Ulrich. *La Sociedad de Riesgo. Hacia una Nueva Modernidad*. Barcelona: Pidós, 1988.

_____. *La Sociedad de Riesgo Global*. Tradução do inglês World Risk Society de Jesús Alborés Rey. 2.ª Edição. Madrid: Siglo XXI de España Editores, 2009

BITENCOURT, Cezar Roberto. *Tratado de Direito Penal. Parte Geral* 1. 14.ª Edição. São Paulo: Editora Saraiva, 2009.

BOBBIO, Norberto. *As Ideologias e o Poder em Crise*. Tradução de João Ferreira e Revisão técnica de Gilson Cesar Cardoso. 4.ª Edição. Brasília: Editora da UNB, 1999.

_____. *O Elogio da Serenidade. E outros escritos morais*. Tradução do italiano *Elogio della mitezza* de Marco Aurélio Nogueira. São Paulo: Unesp Editora, 2002.

BUSATO, Paulo César. *Uma Análise Negativa do Conceito de Ação em Direito Penal a Partir da Filosofia da Linguagem*. Rio de Janeiro: Lumen Juris, 2005.

CANOTILHO, J. J. Gomes e MOREIRA, Vital. *Constituição da República Portuguesa Anotada – Vol. 1*. 4.ª Edição. Coimbra: Coimbra Editora, 2008.

CANOTILHO, J. J. Gomes. *Direito Constitucional e Teoria da Constituição*. 7.ª Edição, Coimbra: Coimbra Editora, 2003.

_____. Terrorismo e Direitos Fundamentais. In: *Criminalidade Organizada e Criminalidade de Massa. Interferências e Ingerências Mútuas*. Coordenação de Manuel Monteiro Guedes Valente. Coimbra: Almedina, 2009.

CANTERJI, Rafael Braud. *Política Criminal e Direitos Humanos*. Porto Alegre: Livraria do Advogado Editora, 2008.

CARBONELL MATEU, Juan Carlos. *Derecho Penal. Concepto y Princípios Constitucionales*. 3.ª Edição. Valencia: Tirant lo Blanch, 1999.

CONDE, Francisco Muñoz (Coord. versão Espanhola). *La Ciência del Derecho Penal ante el Nuevo Milenio*. Coord. alemães Albin Eser, Winfried Hassemer e Björn Burkhardt. Valencia: Tirant lo Blanch, 2004.

COSTA, José de Faria. *Noções Fundamentais de Direito Penal (Fragmenta iuris poenalis)*. Coimbra: Coimbra Editora, 2007.

_____. Ler Beccaria Hoje. In: BECCARIA, Cesare. *Dos Delitos e das Penas*. Tradução de José de Faria Costa. Lisboa: Fundação Calouste Gulbenkian, 1998.

DENNIS, Norman (Editor). *Zero Tolerance. Policing a Free Society*. London: IEA Health and Welfare Unit, 1998, n.º 35.

DIAS, Augusto Silva. De que Direito Penal precisamos nós Europeus? Um Olhar sobre Algumas Propostas Recentes de Constituição de um Direito Penal Comunitário. In: *Revista Portuguesa de Ciências Criminais.*, Coimbra: Coimbra Editora, 2004, Ano 14, n.º 3.

DIAS, Jorge de Figueiredo e ANDRADE, Manuel da Costa. *Criminologia. O Homem Delinquente e a Sociedade Criminógena*. 2.ª Reimpressão. Coimbra: Coimbra Editora, 1997.

DIAS, Jorge de Figueiredo. *Direito Penal. Parte Geral. Tomo I: As Questões Fundamentais. A*

REFERÊNCIAS

Doutrina Geral do Crime. 2.ª Edição. Coimbra: Coimbra Editora, 2007, p. 235.

_____. *Direito Penal Português – As Consequências Jurídicas do Crime*. Lisboa: Editorial Notícias, 1993.

_____. *Direito Processual Penal*. Lições coligidas por Maria João Antunes. Coimbra, 1988-9.

ESER, Albin. Una Justicia Penal «a la Medida del Ser Humano» en la Época de la Europeización y la Globalización. In: *Modernas Tendencias en la Ciencia del Derecho Penal y en la Criminología*. Tradução de Teresa Manso Porto. Madrid: UNED, 2001.

FERRAJOLI, Luigi. *Derecho y Razon. Teoría del Garantismo Penal*. Tradução do italiano *Diritto e Ragione. Teoria del garantismo penale* de Perfecto Andrés Ibañez *et Alii*. 7.ª Edição. Madrid: Editorial Trotta, 2005.

_____. *Democracia y Grantismo*. Tradução de VVAA. Madrid: Editorial Trotta, 2008.

FERRI, Enrico. *Princípios de Direito Criminal. O Criminoso e o Crime*. Tradução de Luiz de Lemos D'Oliveira. Campinas/São Paulo: Russell, 2003.

FICHTE. *Grundlage des Naturrechts nach Prinzipien der Wissenschaftslehre*. Hamburgo: Felix Meiner Verlag, 1960.

GARÓFALO, Rafael. *Criminologia. Estudo sobre o Delicto e a Repressão Penal*. 4.ª Edição. Lisboa: Livraria Clássica Editora, 1925.

GIL, João Afonso. *O Estado de Excepção na Teoria Política Internacional*. BOND, 2010.

GOLDING, Martin. *Filosofia e Teoria do Direito*. Tradução do inglês de Ari Marcelo Solon. Porto Alegre: Sérgio António Fabris Editor, 2010.

GÜNTHER, Klaus. *Teoria da Responsabilidade no Estado de Direito Democrático de Direito – Textos de Klaus Günther*. Organização e Tradução de Flávia Portella Püschel e Marta Rodriguez de Assis Machado. São Paulo: Editora Saraiva, 2009.

HABERMAS, Jürgen. *Técnica e Ciência como "Ideologia"*. Tradução doo alemão *Technik und Wissenschaft als «Ideologie»* de Artur Mourão. Lisboa: Edições 70, 2006.

HASSEMER, Winfried. *A Segurança Pública no Estado de Direito*. Tradução do alemão *Innere Sicherheit im Rechtsstaat* de Carlos Eduardo Vasconcelos. Lisboa: AAFDL, 1995.

_____. *História das Ideias Penais na Alemanha do Pós-Guerra*. Tradução do alemão *Strafrechtswissenschaft in der Bundesrepublik Deutschland* de Carlos Eduardo Vasconcelos. Lisboa: AAFDL, Lisboa, 1995.

HEIDEGGER, Martín. *Ormai solo un Dio ci puo salavare. Intervista com lo Spiegel*. Parma, 1987.

HERMAN, Arthur. *A Ideia de Decadência na História Ocidental*. Tradução de Cynthia Azevedo e Paulo Soares. Rio de Janeiro/São Paulo: Editora Record, 2001.

HOBBES, Thomas. *Do Cidadão*. Tradução do inglês *Philosophical Rudiments Concerning Government and Society* de Renato Janine Ribeiro. 3.ª Edição. São Paulo: Martins Fontes, 2002.

_____. *Leviatã ou Matéria, Forma e Poder de um Estado Eclesiástico e Civil*. Tradução de João Paulo Monteiro e Maria Beatriz Nizza da Silva. 4.ª Edição. Lisboa: INCM, 2010.

HÖRNLE, Tatjana. Dimensiones Descritivas y Normativas del Concepto de "Derecho Penal del Enemigo". In: *Derecho Penal del Enemigo. El Discurso Penal de la Exclusión*. Coordenação de M. Cancio Meliá e Gómez-Jara Díez. Tradução do alemão de Manuel Cancio Meliá. Madrid/Buenos Aires/Montevideo: EDisofer S. L./B de ƒ Ltda., 2006.

JAKOBS, Günther. *Derecho Penal del Enemigo*. Tradução de Manuel Cancio Meliá. 2.ª Edição. Madrid: Thomson-Civitas, 2003.

_____. *Dogmática de Derecho penal y configuración normativa de la sociedad*. Tradução de MANUEL CANCIO MELIÁ. Madrid: Thomson-Civitas, 2004.

_____. *Sobre la Normativización de la Dogmática Jurídico-Penal*. Tradução de MANUEL CANCIO MÉLIA e de BERNARDO FEIJÓO SÁNCHEZ. Madrid: Thomson, Cuadernos Civitas, 2003.

JESCHECK, HANS-HEINRICH e WEIGEND, THOMAS. *Tratado de Derecho Penal. Parte General*. Tradução do alemão *Lehrbuch des Strafrechts: All. Teil* de MIGUEL OLMEDO CARDENETE. 5.ª Edição. Granada: Comares Editorial, 2002.

KANT, IMMANUEL. *A Paz Perpétua e Outros Opúsculos*. Tradução de ARTUR MOURÃO. Coimbra: Edições 70, 2008.

_____. *Metafísica dos Costumes – parte I – Princípios Metafísicos da Doutrina do Direito*. Tradução de ARTUR MOURÃO. Lisboa: Edições 70 Lda., 2004.

KRIELE, MARTIN. *Introdução à teoria do Estado. Os fundamentos históricos da legitimidade do Estado Constitucional Democrático*. Tradução do alemão *Einführung in die Staatslehre. Die geschichtlichen Legitimitätsgrundlagen des demokratischen Verfassungsstaates* de Urbano Carvelli. Porto Alegre: Sergio Fabris Editor, 2009.

LEIBAR, IÑAKI ESPARZA e GURIDI, JOSÉ FRANCISCO ETXEBARRIA. Derecho a un Proceso Equitativo. In: *Convenio Europeo de Derechos Humanos. Comentario Sistemático*. Der. IÑAKI LASAGABASTER HERRARTE. 2.ª Edição. Madrid: Thomson-Civitas, 2009.

LISZT, FRANZ VON. *Tratado de Direito Penal Alemão – Tomo I e II*. Tradução do alemão *Lehrbuch des Deutschen Strafrechts* de JOSÉ HYGINO DUARTE PEREIRA. Brasília: Senado Federal, Conselho Editorial: Supremo Tribunal de Justiça, 2006.

LOCKE, JOHN. *Dois Tratados do Governo Civil*. Tradução do inglês *Two Treatises on Government* de MIGUEL MORGADO e revisão de LUÍS ABEL FERREIRA. Lisboa: Edições 70, 2006.

LOURENÇO, EDUARDO. Uma Europa de nações ou os dentes de Cadmo. In: *Portugal e a Construção Europeia*. Organização de MARIA MANUELA TAVARES RIBEIRO, ANTÓNIO MOREIRA BARBOSA DE MELO e MANUEL CARLOS LOPES PORTO. Coimbra: Almedina, 2003.

LOURENÇO, Eduardo. *O Esplendor do Caos*. 2.ª Edição. Lisboa: Gradiva, 1999.

MAGNET, MYRON (Org.). *Paradigma Urbano. As Cidades do novo milénio*. Tradução de JOSÉ RAFAEL PARACANA e VICTOR ANTUNES. Lisboa: Quetzal Editores, 2001.

MARTÍN, LUIS GRACIA. *O Horizonte do Finalismo e o Direito Penal do Inimigo*. Tradução do espanhol de LUIS REGIS PRADO e de ÉRIKA MANDES DE CARVALHO. São Paulo: Editora Revista dos Tribunais LTDA., 2007.

MAURACH, REINHART e ZIPF, HEINS. *Derecho Penal. Parte General. Teoria General del derecho penal y estructura del hecho punible – 1*. Tradução da 7.ª Edição do alemão *Strafrecht Allgemeiner Teil. Teilband 1, Grundlehren des Strafrechts und Aufbau der Straftat* de JORGE BOFILL GENZSCH e ENRIQUE AIMONE GIBSON. Buenos Aires: Editorial Astrea de ALFREDO y RICARDO DEPALMA, 1994.

MIRANDA, JORGE e MEDEIROS, RUI (Org.). *Constituição Portuguesa Anotada – Tomo I*. Coimbra: Coimbra Editora, 2005.

MONTE, MÁRIO FERREIRA. *O Direito Penal Europeu de "Roma" a "Lisboa" – Subsídios para a Sua Legitimação*. Lisboa: Quid Juris, 2009.

MONTESQUIEU. *O Espírito das Leis*. Tradução de CRISTINA MURACHCO. São Paulo: Mar-

REFERÊNCIAS

tins Fontes, 2005.

PLATÓN. *Diálogos I*. Tradução do grego de J. CALONGE RUIZ, E. LLEDÓ IÑIGO e C. GARCÍA GUAL. Madrid: Editora Gredos, 1981.

PRITTWITZ, CORNELIUS. Derecho Penal del Enemigo: Análises Crítico o Programa del Derecho Penal?. In: *La Política Criminal en Europa*. Directores SANTIAGO MIR PUIG e MIRENTXU CORCOY BIDASOLO e coordenador VÍCTOR GÓMEZ MARTÍN. Barcelona: Atelier, 2004.

RADBRUCH, GUSTAV. *Introdução à Ciência do Direito*. Tradução do alemão *Einführung in die Rechtswissenschaft* de VERA BARKOW e Revisão técnica de SÉRGIO SÉRVULO DA CUNHA. São Paulo: Martins Fontes, 1999.

_____. *Filosofia do Direito*. Tradução do alemão *Rechtsphilosophie* de MARLENE HOLZHAUSEN e Revisão técnica de SÉRGIO SÉRVULO DA CUNHA. São Paulo: Martins Fontes, 2004.

RIBEIRO, AQUILINO. *Cinco Reis de Gente*.- Lisboa: Bertrand Editora, 1984.

RODRIGUES, ANABELA MIRANDA. A Determinação da Medida da Pena Privativa da Liberdade. Coimbra: Coimbra Editora, 1995.

_____. Política Criminal – Novos Desafios, Velhos Rumos. In: *Liber Discipulorum* JORGE DE FIGUEIREDO DIAS. Organização de MANUEL DA COSTA ANDRADE, JOSÉ DE FARIA COSTA, ANABELA MIRANDA RODRIGUES e MARIA JOÃO ANTUNES, Coimbra: Coimbra Editora, 2003.

_____. Criminalidade Organizada – Que Política Criminal?. In: *Themis – Revista da Faculdade de Direito da UNL* (Themis). Lisboa/Coimbra: Almedina, Ano IV - N.º 6 – 2003.

ROXIN, CLAUS. *Derecho penal. Parte General. Tomo I. Fundamentos, La Estructura de la Teoría del Delito*. Tradução do alemão *Strafrecht. Allgemeiner Teil, Band I: Grundlagen. Der Aufbau der Verbrechenslehre* (2ª Edição) de DIEGO-MANUEL LUZÓN PEÑA, MIGUEL DÍAZ Y GARCÍA CONLLEDO e JAVIER DE VICENTE REMESAL. Madrid: Civitas, 1999.

_____. *Derecho Procesal Penal*. Tradução da 25.ª Edição alemã *Strafverfahrensrecht* de GABRIELA E. CÓRDOBA e de DANIEL R. PASTOR. Buenos Aires: Editores del Puerto s.r.l., 2000.

_____. Política Criminal y Sistema del Derecho Penal. Tradução de FRANCISCO MUÑOZ CONDE. 2.ª Edição. Buenos Aires: Hammurabi, 2002.

ROUSSEAU, JEAN-JACQUES. Contrato Social. Tradução do francês de MANUEL JOÃO PIRES. Lisboa: Temas e Debates – Círculo de Leitores, 2012.

SCHMITT, CARL. *O Conceito do Político*. Tradução do alemão *Der Begriff des Politischen* de Alexandre Franco de Sá. Lisboa: Edições 70, 2015.

_____.La Revolución Legal Mundial. Plusvalía política prima sobre legalidad jurídica y superlegalidad. In: *Revista de Estudios Políticos*.10 (Nueva Época). Julio-Agosto 1979, Madrid: Centro de Estudios Constitucionales.

_____. La Noción de lo Político – Prefacio. In: *Revista de Estudios Políticos*. Madrid. 1963, n.º 132.

SCHEILD, LUDWIG, MELO, IDALINA AGUIAR DE, e RIBEIRO, ANTÓNIO DE SOUSA. *Dois Séculos de História Alemã (política, sociedade e cultura)*. 3.ª Edição. Coimbra: Minerva, 1996.

SCHEERER, SEBASTIAN, BÖHM, MARIA LAURA e VÍQUEZ, KAROLINA. Seis Preguntas y Cinco Respuestas sobre el Derecho penal del Enemigo. In: *Derecho Penal del Enemigo – Vol. 2*. Coordenação de MANUEL CANCIO MELIÁ e CARLOS GÓMEZ-JARA DÍEZ. Tradu-

DIREITO PENAL DO INIMIGO E DO TERRORISMO

ção do alemão de Carlos Gómez-Jara Díez, Madrid: Edisofer S.L. e Buenos Aires/ Montevideo: B de F Ltda., 2006.

SILVA SÁNCHES, José Maria. *La Expansión del Derecho Penal*. 2.ª Edição. Madrid: Civitas, 2001, p. 163.

SILVA, Germano Marques da. *Direito Penal Português*. 4.ª Edição. S. Paulo/Lisboa: Verbo, 2008, Vol. I.

SILVA, José Afonso. *Comentário Contextual à Constituição*. 6.ª Edição. São Paulo: Malheiros Editores Ltda., 2009.

TOCQUEVILLE, Alexis de. *Da Democracia na América*. Tradução de Carlos Correia Monteiro de Oliveira. Cascais: Principia, 2002.

TZITZIS, Stamatios. *Filosofia Penal*. Tradução de Mario Ferreira Monte. Aveiro: Lisboa: Legis Editora, 1999.

VALENTE, M. M. Guedes. Consumo de Drogas. Reflexões Sobre o Quadro Legal. 4.ª Edição. Coimbra: Almedina, 2006.

———. *Prova Penal. Estado Democrático de Direito*. Coautoria com Geraldo Prado, Nereu Giacomolli e Edson Damas da Cunha. Lisboa/Santa Catarina: Rei dos Livros/Empório do Direito, 2015.

———. *Teoria Geral do Direito Policial*. 4.ª Edição. Coimbra: Almedina, 2014.

———. *Do Ministério Público e da Polícia. Prevenção Criminal e Acção penal como Execução de uma Política Criminal do Ser Humano*. Lisboa: UCE, 2013.

———. La Política criminal y La Criminología en Nuestros Días. Una Visión Desde Portugal. In: *Derecho Penal y Criminología como Fundamento de la Política Criminal. Estudios en Homenaje al Profesor Alfonso Serrano Gómez*. Dir. Francisco Bueno Arús, Helmut Kury, Luis Rodríguez Ramos e Eugenio Raúl Zaffaroni, Editores José Luis Guzman Dálbora e Alfonso Serrano Maíllo. Madrid: Dykinson, 2006.

———. *Processo Penal* – Tomo I. 3.ª Edição, Coimbra: Almedina, 2010.

———. Cooperação Judiciária em Matéria Penal no Âmbito do Terrorismo. In: *A União Europeia e o Terrorismo Transnacional*. Coordenação de Ana Paula Brandão. Coimbra: Almedina, 2010.

———. *Conhecimentos Fortuitos. A Busca de um Equilíbrio Apuleiano*. Coimbra: Almedina, 2006.

———. *Do Mandado de Detenção Europeia*. Coimbra: Almedina, 2006.

WELZEL, H.. *Introdución a la Filosofía del Derecho. Derecho natural y Justicia material*. Tradução do alemão de Felipe González Vicente. 2.ª Edição. Madrid: Editora Aguilar, 1971.

ZAFFARONI, Eugénio Raúl e PIERANGELI, José Henrique. *Manual de Direito Penal Brasileiro* V. 1 – *Parte Geral*. 7.ª Edição Revista e Atualizada. São Paulo: Editora Revista dos Tribunais Ltda., 2008.

ZAFFARONI, E. Raúl. *O inimigo no Direito Penal*. Tradução do espanhol *El enemigo en Derecho penal* de Sérgio Lamarão. 2.ª Edição. Rio de Janeiro: Revan, 2007.

———. *Em Busca das Penas Perdidas. A perda de legitimidade do sistema penal*. Tradução do espanhol *En Busca de las Penas Perdidas* de Vânia Romano Pedrosa e Amir Lopes da Conceição. 5.ª Edição. Rio de janeiro: Editora Revan, 2001.

ZIPELLIUS, Reinhold. *Teoria Geral do Estado*. Tradução do alemão *Allgemeine Staatslehre* de Karin Praefke-Aires Coutinho e Coordenação de Gomes Canotilho. 3.ª Edição. Lisboa: Fundação Calouste Gulbenkian, 1997.

ÍNDICE

Nota à 2ª Edição 7

Sumário 9

Introdução 11

Capítulo 1
Recolocação dos desafios do direito penal 15

Capítulo 2
Evolução histórica 25

Capítulo 3
O Direito penal do cidadão (?) 55

Capítulo 4
As tendências do direito penal da pós-industrialidade 67

Capítulo 5
O Direito penal do Inimigo como inversão da ideia de Direito penal.
O terrorismo como gérmen da esquizofrenia belicista 85

Conclusão 125

Referências 127